高校档案建设与校史文化发展研究

李玉嵩 ◎ 著

吉林出版集团股份有限公司

图书在版编目（CIP）数据

高校档案建设与校史文化发展研究 / 李玉嵩著. —
长春：吉林出版集团股份有限公司，2022.4
　ISBN 978-7-5731-1405-1

Ⅰ. ①高… Ⅱ. ①李… Ⅲ. ①高等学校－档案管理－研究②高等学校－校园文化－研究－中国 Ⅳ.
①G647.24②G647

中国版本图书馆CIP数据核字（2022）第 053653 号

高校档案建设与校史文化发展研究

著　　者	李玉嵩
责任编辑	陈瑞瑞
封面设计	林　吉
开　　本	787mm×1092mm　　1/16
字　　数	220 千
印　　张	10
版　　次	2022 年 4 月第 1 版
印　　次	2022 年 4 月第 1 次印刷
出版发行	吉林出版集团股份有限公司
电　　话	总编办：010-63109269
	发行部：010-63109269
印　　刷	北京宝莲鸿图科技有限公司

ISBN 978-7-5731-1405-1　　　　　　　　　　　定价：68.00 元
版权所有　侵权必究

前　言

校史档案是高校校园文化建设的重要载体，二者是相辅相成的关系。校史档案的开发利用，应服务于校园文化建设，做到以校史感染学生、熏陶学生、激励学生，达到以史育人、以史鉴人、以史励人的目标。本书通过分析高校校史档案对校园文化建设的重要意义，让档案工作者和管理者更加重视校史馆建设，通过扩大新形态校史档案的收集、提升校史馆利用效率、设置校史教育课程、创立校史教育第二课堂、利用新媒体开展校史档案宣传等途径，让师生了解学校的文化历史，增强高校校史档案的利用，从而服务并促进校园文化建设。

档案是一种无形且无价的文化财富，建设校史文化实为一项庞大且长期性过程，需持续传承下去，学生对校史文化所表现出的认同感，以及对学校历史所展现出的自豪感，均能借助校友而不断地传承下去，还可利用档案将其准确、全面地记录下来。作为校史文化持久传承的纽带与桥梁，档案把校史文化保存下来，并传播出去，在历代校友的共同努力下，可以使校史文化的内容变得更加丰富，内涵变得更加浓厚。每一次收集与整理校史档案，均为对学校历史资料的一次更新与完善。所谓创造，并非单纯地对史实进行改变，而是对学校历史有一个更加全面、深入、系统化的认识。因此，档案管理工作在学校校史文化建设当中，有着不可磨灭的作用与价值。

综上，我们可以看出档案管理，对于高校校史文化的建设和发展具有重要意义。档案管理作为一项工作量较大的复杂工程，为了充分发挥档案管理的作用，推动校园文化的传播和发展，需加大对档案管理工作的创新力度，深化改革档案管理制度，从而确保档案管理可以促进高校校史文化的传承和发扬。

目　录

第一章　高校档案概述 ·· 1
第一节　高校档案的含义与特点 ·· 1
第二节　高校档案的基本内容 ··· 17
第三节　高校档案的作用 ··· 18
第四节　高校档案的演变 ··· 26

第二章　高校档案建设 ·· 32
第一节　高校档案建设面临的问题 ····································· 32
第二节　信息化背景下的高校档案建设 ································· 36
第三节　文化自觉视角下的高校档案建设 ······························· 39
第四节　基于内涵发展的高校档案建设 ································· 43
第五节　基于文化自觉的高校档案建设 ································· 46
第六节　大数据时代高校档案建设转型 ································· 49
第七节　立德树人与高校档案建设 ····································· 53

第三章　高校档案的管理模式 ·· 58
第一节　高校档案管理体制 ··· 58
第二节　高校档案运行机制 ··· 59
第三节　高校档案管理模式 ··· 65

第四章　校史文化的建设与发展研究 ···································· 78
第一节　大学校史文化的建设与发展 ··································· 78
第二节　特色校史文化与大学生人文素养 ······························· 84
第三节　校史文化与高校思想政治教育的创新 ··························· 87
第四节　文化自信视域下校史文化育人路径 ····························· 93
第五节　校史文化内涵与大学生文化自信建设 ··························· 95

第五章　高校档案建设与校史文化的理论研究 ... 99

- 第一节　高校校史档案征集的"四个结合" ... 99
- 第二节　文化传承视觉下高校口述校史档案征集 ... 101
- 第三节　校史档案在传承高校特色文化中的实践 ... 105
- 第四节　档案管理在高校校史文化建设中的作用 ... 107
- 第五节　高校校史研究与高校档案文化建设的互动 ... 110
- 第六节　大学档案文化建设与高校校史文化的发展 ... 114

第六章　高校档案建设与校史文化的发展研究 ... 117

- 第一节　校史编著中高校档案利用方法研究 ... 117
- 第二节　高校档案在校史文化传播中的价值 ... 119
- 第三节　高校口述校史档案真实性互构机制 ... 122
- 第四节　基于校史展的高校照片档案管理 ... 127
- 第五节　实物类高校校史微档案资源建设 ... 131
- 第六节　高校档案馆和图书馆共建校史资料库 ... 134
- 第七节　基于大学生校史教育的高校档案资源开发 ... 137

第七章　高校档案建设与校史文化的管理与应用研究 ... 141

- 第一节　高校校史工作中的档案管理 ... 141
- 第二节　高校举办校史展的档案资料管理 ... 144
- 第三节　高校校史陈列馆藏品档案管理与应用 ... 146
- 第四节　校史档案建设与社会主义核心价值观的作用 ... 149

参考文献 ... 153

第一章　高校档案概述

第一节　高校档案的含义与特点

一、含义

　　教学是学校的中心工作。随着教育事业的改革和发展，教学文件、材料日益增多，高校教学评估各项指标日趋完善，教学档案管理尤为重要。教学档案是指学校及教师从事教学管理和教学实践活动中直接形成的，具有保存价值的文字、图表、音像等不同形式的历史记录。教学档案是学校教学工作方针、政策的真实写照，是教学活动和教学研究中不可缺少的依据和参考资料，是了解教学内容，考察学校历史，总结经验教训，改进教训管理，提高教学质量，促进学术交流的信息源。教学档案的建立和完善，对于总结教学经验、探索教学规律、进行教学改革、深化教学研究和提高教学质量，都有十分重要的意义。

　　高校档案管理工作是衡量学校教育质量和管理水平的重要标准，是学校各种评估工作的重要内容。而教学在学校占据的中心地位，决定了教学档案管理工作在学校档案管理工作中的重中之重的地位。教学档案是学校教学工作方针、政策的真实写照；是高校发展中新的教学思想和理念的基石；是教研活动和教学评估中不可或缺的依据和凭证；是考查学校历史、总结经验教训、改进教学管理、提高教学质量、促进学术交流的信息源。

　　高校档案是大学师生在长期教学、科研实践活动中创造和积累的知识财富和劳动结晶，其绝大部分是以长期形成的教学规范为基础，在教学管理、教学研究等工作中形成的，其主要形成于教务处和系一级教学单位两个教学管理机构。教务处对全校的教学工作起着统领与指导作用，其一系列活动会产生大量的教务管理文件与资料；系一级教学单位不仅要完成本系各专业教学任务，还要与教务处其他科室相协调，承担有关成人教育、普通教育及各种短训班的教学科研任务，各项教学实践活动会产生大量的信息资源，这就形成了宝贵的教学档案资料。具体地说，教学档案包括教学计划与总结、学术研究、学科建设、教师工作量考试安排、教学大纲、教学日历、学生成绩与学籍、课表及各种规章制度等，它真实地记录了高等学校教学工作的方法和结果。

二、特点

（一）固有特点

1. 来源上的分散性

教学档案是由教与学两方面材料转化而来的。从教的方面来看，其材料的来源是十分广泛的。相当一部分形成于学校教育管理业务部门，这部分档案包括上级教育部门的有关教育指导性的文件材料、本校制定的各种教学规章制度性文件、教学计划、总结、招生、分配、学籍管理等方面的文件材料；另一部分教学档则形成于具体组织教学的教研室、教师的教书育人活动之中。这部分档案包括有教学总结、教材建设、教案等。从学的方面看，教学档案也是来自方方面面。它既包括学生在学习过程中所形成的材料，也包括学生将所学知识应用于实践活动中所形成的材料，如成绩表、论文、实习报告、毕业鉴定等文件材料。总之，由于教与学既相对独立，又相互统一，因此教与学二者之间相互渗透，使得教学档案来源之广泛是其他档案所不可比拟的。

2. 内容上的复杂性

由于教与学的特殊矛盾运动，特别是各级各类学校的专业设置与开设课程的多样性，因而教学档案的内容涉及人类知识的各个领域，有社会科学知识、自然科学知识、技术科学知识，可以说教学档案的内容包含各个方面的内容与成分，从具体内容来说，更是十分庞杂，有专业设置、教育方针、学生奖惩、教学总结、教材、师资管理等。此外，高校的教学档案还包括众多的内容，大至由上级主管部门所下达的各项文件，中至院校所制定的培养目标以及设置的专业，小至教师制作的教学教案以及课件等。近些年，科学技术快速的发展，促使高校的教学档案呈现出多样化特点。

3. 时间划分上的特殊性

在我国，档案的管理强调时间特性，往往以年代来区分、排列、管理档案，教学档案也不例外。但教学档案在年度的划分上又与其他档案不同。它是以教学年度和学制年度加以区分的。

此外，高校主要按照两种形式开展教学工作，一种是学期制，另一种是学年制，这也就使高校的教学档案呈现出周期性特征，主要由系院负责完成高校的教学管理，对于不同届次学生的教学工作是以所学学制为一个周期来制订工作计划和总结检查的。因此，教学档案也应按学期、学年或学制来构建，形成周期性的档案，对以学期、学年、届次来组织教学的教学管理工作更具有参考和指导价值。为此，高校应当按照学期以及学年归档与整理高校的教学档案，由此促使周期性档案的形成。

4. 制成材料上的丰富性

教学档案要反映教学工作面貌和真实记录教学管理活动，必须要依靠大量的原始性资料。没有数量充足、完整准确的原始资料就不能反映教学工作的真实面貌，因此教学档案资料的原始性和完整性是教学档案工作的又一主要特点。在教学过程中，为了教学和实际的需要，可能会在教学活动中形成不同形式的材料，就制成材料而言，既有纸质的，又有非纸质的，非纸质的有照片、录音带、录像带、磁盘、光盘、幻灯片等。就制成材料格式来看，有统一规格的表格式、簿册式，还有没有一定规格的手稿、图表等。此外，教学档案还有综合性、专业性、层次性等特点。

5. 档案形式的多样性

由于教学活动的多样性，记录活动的形式也是多样的。只有档案原始资料的多样性，才能真实确切地反映多样性教学活动的面貌，才更具有档案的作用和价值。教学档案原始资料应包括纸面（质）的、图片的、音像、光盘等多种形式。

6. 形成方式的内部性

高校档案材料大多是校内教学管理部门，和业务部门以及师生个人，在工作中自然形成的历史记录，并为自己直接管理和使用。这些材料手写的多，印刷的少，不带文号的多，带文号的少，绝大部分是不通过正式公文来往渠道产生的，因此大多不经收管部门登记，也没有副本，这是教学档案有别于一般行政公文的重要特点。

7. 学科划分上的专业性

高等院校是按学科专业设置的院系组织教学活动。院系教学工作既有遵循人才培养成长共性规律的一面，更要遵循不同学科专业属性的特殊规律。不同学科专业人才的培养采用不同的人才培养方案，实施不同的教学计划，设置不同的课程，安排不同的教学环节和教学活动，提出不同的培养要求，实现不同的培养目标。因此，不同学科专业院系的教学工作也是不尽相同的，具有很强的学科专业特性。

8. 作用上的社会服务性

高校档案对教学活动进行记录，为开展教学研究活动提供重要资料支持，对于促进教学研究活动的顺利进行具有重要作用。随着信息时代的到来，高校的教学档案更是突破以往的利用对象范围，逐渐呈现出跨行业、跨院校特点，发展成为共享性资源，慢慢地体现出更多的社会服务职能。

（二）时代新特点

随着社会的进步与发展，作为教学历史记录的教学档案建设，也应随着时代的变化不断赋予新的内容。下面谈谈个人的认识。

1. 教学档案逐步走向电子化

随着现代信息技术的发展，教学档案也发生了很大的变化。特别是现在的学校普遍开通了互联网，为建立电子教学档案提供了条件。如果再沿袭过去那种箱柜式保存和征集方式，与时代的发展就不相适应。因此，在建立电子教学档案的过程中，应充分发挥计算机、信息网络在档案管理中的作用。档案保存可以借助电脑的贮存功能，档案征集可以通过网络传播方式，发挥现代科学技术在档案征集过程中的作用。这种电子档案比传统档案在保存、征集等方面更经济、快捷、方便。

2. 多渠道、动态、主动征集教学档案

在新课程改革不断深入的背景下，教学档案多渠道、动态和主动征集更显得必要，网络为档案征集提供了非常好的平台。可以通过建校园网站征集各种信息，在建站前，对教学档案进行全盘考虑，如征集的内容、设计网页要与这些内容相符，方便档案传输。教学档案的征集主要通过学校管理者和教师本人提供，管理者应主动提供教学档案内容，教师本人也要根据自身情况积极提供归档内容。教师提供的内容一般有个人简介、计划、总结、优秀教案、课件、论文和其他教学成果等。

3. 充分发动全员参与建设教学档案

在以往的档案建设过程中，全员参与的热情还不够，大部分人是被动的，甚至是漠不关心。建设电子教学档案应该发动全员参与，为了鼓励全员参与的热情，可以采用以下方法。

（1）为每位教师建立电子档案。

以年级组（或教研组）为单位，在校园网上（或申请电子信箱）为每位教师建立教学电子档案。其特点是：每位教师的电子档案都设有一定的权限，教师本人、相关部门的主任可以在相应的电子档案中填写或更改资料。其他教师可以打开浏览，但不能改动。确保每位教师及时将自己教学工作的有关资料等输进电子档案，而不会被删掉或改动，同时还有利于教师之间互相学习、交流。

（2）及时督促相关部门和教师上传各种资料。

电子档案管理员可以在校园网上以发布公告的形式或用电话通知等方式督促相关部门和教师及时地向电子档案部门输送资料。学校教导处、教研室及时上传本部门的资料，定期对每位教师教学质量进行评价分析，并把这些分析评价结果上传到相应的电子档案中；每位教师则根据学校提供的电子档案及上传档案要求，填写各自电子档案的内容，并不断补充完善。如教师定期把在教研组活动中的优秀教案、获奖或发表的论文、有推广和实用价值的课件、个人反思等资料传送到电子档案。

（3）加强电子档案资料的展示工作。

许多教师对档案建设不关心的重要原因，就是没有看到教学档案在实际工作带来的效果。为了使电子档案发挥应有的作用，我们应该对电子档案进行各种形式的展示。

①教研组内展示。学校要求教研组在开展活动时，把每位教师在教研组内展示自己的电子档案作为一项重要的活动内容。每位教师应积极把自己收集的最优秀的作品在组内展示，并对该作品做出自我评价意见，然后教研组进行讨论、分析和评价。②校内展示。学校利用全校性的会议，经常性地展示部分表现较突出的教师的电子档案资料，及时介绍和推广他们先进的经验和教学策略，并组织教师利用业余时间学习，促进教师业务水平的提高。另外，使受表彰的老师在体验成功中得到激励。相关部门也可以把电子档案的展示作为评价教师的一项重要内容。

4.教学电子档案的建立将发挥以往档案所起不到的作用

与以往档案的死板、封闭不同，教学电子档案的开放程度是以前无法想象的，它可以发挥下面的作用。

（1）有利于学校对教学质量的监控。

电子档案通过收集不同类型的材料，以多种方式全面展示教师的成长过程和自身特色，使学校及时、准确地掌握各位教师真实客观的教学情况，了解各位教师的教学特色。另外，对教师的评价是一种定期性、动态式，使教学管理形成了一个过程。教学电子档案的这种特点，不仅有利于调动教师工作的积极性，而且使学校能够充分发挥对教学的诊断与导向功能，使教学质量目标变成可以预期的科学目标，从而有效地监控教学质量。

（2）有利于专业水平的提高。

在电子档案的创设过程中，也建立了一种对教师的动态评价体系，通过评价，教师不断总结自己的经验进行反思。通过评价，激发了教师不断改进教学的主动性和创造性。运用电子档案通过收集表现教师发展变化的资料，能够反映教师的成长轨迹。教师本人在收集资料时有更大的主动权和决定权，能够充分体现个体差异。评价时用动态的、发展的眼光，对教师教学工作的各个环节进行系统的、全程的、循环反复的评价，这样就有利于教师专业水平的提高。

（3）有利于促进全体教师发展。

利用互联网（校园网）或电子信箱建立教师教学工作电子档案，充分发挥了网络资源的作用，使各种信息资源得到广泛交流与共享。因此，利用各种资源为教育教学工作服务，教师积极参与电子档案的建设，运用网络技术贡献自己的教育教学经验和成果，使之成为教学资源的一部分，与广大同行交流和分享。另外，学校定期与不定期展示电子档案，教师可随时通过电脑，阅览自己和他人的电子档案。不仅使教师看到了自己的优点，树立了自信心，同时也发现自己的不足与他人的长处。这有利于形成互相学习、互相帮助、共同进步的群体氛围，促进教师整体水平的提高。

三、意义

高校档案是师生员工辛勤劳动的成果，是促进和提高教学管理水平的基础，是学校的宝贵财富和智力资源。搞好教学档案管理，积累教学活动的真实历史资料，对全面促进高校改进教学工作、提高办学质量都具有十分重要的现实意义和历史意义。

（一）教学档案管理是档案管理中的重头戏，是教学部门不可或缺的工作

学生自入学到毕业，教师从教入手，教什么、怎么教到教的结果如何，教与学的整个教学活动的每一个环节所留下的每一步进展的痕迹，所形成的具有保存价值的文字、图表及影像材料等就是教学档案。例如教学业务档案（上级机关下发的有关教学工作的文件、课堂及实践教学资料、教学计划及总结、教育改革、教学研究、教学质量评估、师资培养、

典型教案、编著教材、实习实验指导书、教学检查总结、对学生的考察情况、教师教学日历等)、学籍管理档案(学生入学登记表、学生学籍异动情况记录表、学籍卡、学历学位发放记录登记表等)以及其他在教学活动过程中直接形成的文字、图表及影像材料。

为使教学活动按计划有序地进行,高校的教学管理部门和各二级教学单位都制定了一系列的教学管理规章制度、教学计划、教学大纲、教学进程表等。为了对教与学的质量进行有效控制,教学管理人员不仅要直接向教师和学生进行了解,而且要翻阅"有据可查"的教学业务档案。因此,教学管理工作离不开教学档案。教学管理人员有责任、有义务收集、管理好教学档案。

高校以教学为中心的价值取向,使得教学档案管理的重要性不言而喻。教学档案管理就是要及时、完整、全面地收集具有真实性和原始记录性的教学文件、教研材料、教学成果等方面的信息,并对这些信息进行分类整理和归档工作。进行教学档案管理不仅是档案管理人员的责任和义务,也是教学部门不可推卸的义务。因为教学资料的及时收集离不开教学部门人员和每位教师的配合,只有档案管理人员和教学部门人员齐抓共管才能确保教学档案的记载最具及时性、完整性和权威性。

(二)教学档案是高校教学水平的客观记录和反映

档案是社会历史发展的客观记录。教学档案是高校教学水平高低的客观反映。通过对历年的讲稿、教案、实习实验指导书等进行比较研究,可以看出教学的水平。作为一名教师,如果讲稿、教案、实习实验指导书等多年来一成不变,说明教师的业务水平没有提高,也就意味着教学水平停滞不前,跟不上时代发展的步伐(实则就是一种倒退);对历年的学生考卷、学生考试成绩、优秀毕业设计、历届毕业生跟踪调查材料等的比较,同样能反映出学生学的情况;对同类学校间教学档案的"横向"比较,能直观地显示出各个高校教学水平及教学管理水平的高低。这些都是探求如何加强教学管理、提高教学质量的重要依据和基础。

(三)规范的教学档案管理能促进教研水平的提高,有利于提高办学质量

档案是社会历史发展的客观记录。教学档案是高校教学水平高低的客观反映。通过对历年的讲稿、教案、实习实验指导书等进行比较研究,可以看出教学的水平。作为一名教师,如果讲稿、教案、实习实验指导书等多年来一成不变,说明教师的业务水平没有提高,也就意味着教学水平停滞不前,跟不上时代发展的步伐(实则就是一种倒退);对历年的学生考卷、学生考试成绩、优秀毕业设计、历届毕业生跟踪调查材料等的比较,同样能反映出学生学的情况;对同类学校间教学档案的"横向"比较,能直观地显示出各个高校教学水平及教学管理水平的高低。这些都是探求如何加强教学管理、提高教学质量的重要依据和基础。

同时,教学档案所收集、积累的各种教学反馈信息,能为今后的教学提供大量翔实的资料,使教学研究和改革能够准确地反映实际情况,进行科学分析,从而促进教学水平的

提高。如对教师教案、教学测评等的研究和比较，可以看出教师教学水平和能力是否提高；对历年的试卷、学生考试成绩等的比较，可以看出学生对教学改革的接受能力，并能直观地显示出教学水平及教学管理水平的高低，为如何提高教学质量和教学水平提供重要依据。

四、价值

（一）高校档案的价值分析

1. 高校档案具有重要的参考价值

高校档案是高校教师集体智慧的结晶，因而对高校教学决策、改革、创新都具有十分重要的参考价值。比如，高校档案对高校教学方面的规章制度就具有重要的参考价值，这主要是由于教学档案对高校的教学过程、教学内容、教学方法等进行了十分详细的记载，而且具有很大的存储量，对于提高教学制度的科学化、规范化、效能化具有十分重要的作用；再比如，高校档案对教学管理工作也同样具有十分重要的参考价值，在进行教学改革过程中可以参考过去的教学档案进行，对于一名新教师同样可以参考过去的教学档案进行教学。

教学档案管理还能够为改进教学方案提供依据，有效提高教学质量。高校的主要任务是培养人才，教学质量的好坏都能够从教学档案中进行分析，通过教学档案获取较多的培养人才的经验，能够更好地完善教学模式，为教学活动提供科学的借鉴。另外教学方式的好坏直接影响到课堂质量，好的教学方式能够使教师更加轻松愉悦，同时使学生在快乐中学习。通过教学档案的分析，对比教学方法，并加以改进，能够提供更多适合学生的教学方案。

2. 高校档案具有重要的文化价值

教学文化是学校的重要资源，具有很强的传承作用，高校档案正是具有这种文化价值，使得高校档案具有重要的传承作用，因为高校档案也是对高校发展的一种文化记录，因而具有重要的文化价值。高校档案对高校各级各类管理人员、广大教师的教学情况，包括教学计划、教学方案、教学实践的记载和保存，使其变成一种具有延续性的文化体系，能够对高校未来的教学活动和教学发展起到启发、提示、传承的重要作用，因而可以说是一种文化现象。特别是通过对高校档案文化价值的挖掘和利用，能够使这种教学文化通过一代又一代的传承体现出高校的文化轨迹，因而具有十分重要的文化价值。

3. 高校档案具有重要的证明价值

教师业务档案和学生档案，是高校档案的重要组成部分，这两个部分对于教师的教学过程和学生的学习过程都具有很强的证明作用。比如，教师业务档案记录了教师的教学情况、学术发表情况以及其他活动，能在一定程度上说明教师的教学能力，反映教师的教学态度，高校可以根据教师的教学档案记载，对教师的能力、素质、态度、贡献等做出科学的判断，有利于发现人才和用好人才；再比如，高校档案同样记载了学生的在校情况，不仅对学生具有很强的证明作用，无论是学生毕业之时还是学生毕业之后，这些都对学生在校情况具有重要的证明作用，对于学生今后就业乃至职业发展具有重要作用。

4. 高校档案具有重要的动力价值

从高校档案来看，不仅是一种记载，更重要的也是教师教学成果的真实反映，这些教学成果的记载对教师也是一种肯定，使教师能够受到激励和鼓舞，特别是教师的教学内容、教学方法、教学模式通过有效的开发和利用，形成一套教学模式之后，能够使教师在心理上产生一种成就感，因而能够更加深入地开展教学研究、教学改革和教学创新，使高校档案具有十分重要的动力价值。而且高校档案还能够在教学评估过程中发挥重要的作用，使每一名教师的教学档案能够成为教师继续进行深入教学研究的动力。

5. 高校档案具有重要的使用价值

完整系统的教学档案是一个学校教学活动内容与效果的全面概括和客观反映，并能为教学管理工作提供有力的凭证和参考。高校档案真实地反映了学校各个时期的面貌，对于学校编史修志，对行政管理、教学、科研、维护学校或师生员工的利益等，有着重要而特殊的参考、凭证、借鉴作用，尤其是不同历史时期的珍贵史料和科学技术领域的尖端成果档案，对于发展教育事业、服务经济建设具有很高的开发利用价值。我们必须充分利用教学档案，实行科学化管理，将各位教师、教学管理人员在教学活动中形成、积累的各种资料、数据、信息准确地收集、整理成系统化的教学档案并及时地反映到领导手中，用以指导和协调学校教学工作正常有序地进行。

6. 高校档案具有重要的教育价值

按照中华人民共和国档案局1995年颁布的《高等学校档案实体分类法》，高校档案包括党群、行政、教学、科学研究、产品生产与科技开发、基本建设、仪器设备、出版、外事、财会等。毫无疑问，这样的档案管理分类，明确地涉及高等学校的人事管理、教育教学管理、学生管理、科技工作管理、学校发展建设管理等，事实上就是一部学校发展史，这就使得高校档案具有了无可替代的人文教育价值。

首先，高校档案对高校发展具有启发借鉴作用。高校档案包含着学校教学工作的方方面面，久而久之就成为高校年复一年发展的资料汇集，学校发展壮大的创业史。任何一所高等学校，都经历了由小到大、由弱到强的发展历程，在这样的发展历程中，一代代人筚路蓝缕，艰辛创业，成就了今天高校的辉煌业绩。他们的创业情景，对今天在校师生，都具有教育意义与认识价值，是对师生员工进行人生和事业教育的最直接而生动的教材。

历史的作用还在于以史为鉴，即"鉴于往事，有资于治道"。高校的历史也概莫能外。任何高等学校的发展都不是一帆风顺的，在发展过程中总要遇到这样那样的问题。高等学校的档案既给后人提供了成功的范例，也为后人提供了可资借鉴的教训。这样的借鉴，不只是局限于一所学校本身，其他学校在不同发展阶段的经验教训也都可以为我所鉴。如我们将世界名校如哈佛、剑桥、牛津的经验学来，对我们的高校发展一定有启发作用；而历史上一些高校曾经遭遇的挫折，也可以使我们在发展中少走弯路。尤其在目前我国高等教育蓬勃发展的背景下，发展中出现一些问题也是不可避免的，在发展中学习历史的和国外的成功经验，更具有重要的现实意义与深远的历史意义。重要的问题就在于怎样用好档案，分析其有积极价值的因素，发挥其应有的功能与作用。

一所学校或者不同学校在不同的历史时期取得的成功经验与做法，对于今天的教育教学也一样具有借鉴意义。汲取成功的教育教学经验和管理经验，不仅可以提高教育教学效果，也可以提高对学生教育的管理效果；从学生的角度上看，从前贤成功的经历中借鉴人生经验，对自身成长也裨益良多。

其次，高校档案对培养学生的价值认同感，进行校园文化教育具有重要意义。高校档案蕴含着一所高等院校的校园文化与核心价值理念，是校园文化教育的最好载体之一。高校的档案中无论是党群部分，还是教学部分，都包含着校园文化建设及形成过程的要素，其中沉淀着一代代学校教师、学生所追求的核心价值理念。如党群部分的学生社团材料，可以从不同时代学生社团构成、社团活动、社团宗旨等方面窥见社团的价值理念，而这个价值理念同那个时代、那个时代人们的精神风貌、理想与追求等是密切相关的。如分析北京大学"五四"时期的学生社团档案材料，完全可以清楚地发现那个时代北大人追求爱国、进步、民主、科学的精神风貌，而这样的精神风貌，正是北大校园文化的核心，它们不仅影响了那个时代的北大人，也影响着后来的北大人，是自那以后北大人共同秉持的核心价值观。这种值得自豪的校园文化对后世的影响和教育虽然是无形的，却是不可或缺的，也是不可替代的。

"榜样的力量是无穷的"，校园文化和核心价值理念由于产生并孕育于学生学习与生活的校园环境中，并且在学校的不断发展中流传，发扬光大，而后来的学生对于这种文化产生的环境往往具有恍若昨日的认同感，于是，他们就很容易受到这样一种共同环境影响下的文化氛围的熏陶与浸染，校园文化和核心价值理念对他们也就易于起到一种潜移默化的作用。因此，挖掘高校档案中的校园文化与核心价值理念，对于凝聚学生的文化认同心理和价值认同心理，进行校园文化教育显然具有重要意义。

再次，高校档案对学生的学校归属感教育具有不可替代的作用。按照马斯洛的需求层次学说，归属与爱的需要是一个人重要的心理需求，对一个人的自我价值认同、自我定位、生活与学习的积极态度等都有重要意义。学校归属感是指学生对自己所就读的学校在思想上、感情上和心理上的认同和投入，愿意承担作为学校一员的各项责任和义务，乐于参与学校活动。学校归属感是学生感觉到自己是班级或学校中重要的一员、被他人接受、被他人认为有价值并与他人成为一个整体的一种情感。高校档案对于培养学生的归属感具有积极意义，充分利用档案资源，可以使学生对学校有准确的充分的了解，可以使学生对学校和自己的关系以及自己在学校中的地位形成准确的认知。当学生定位自己是学校的一员，就会自觉地维护学校的声誉，产生主动学习和乐观生活的人生态度，从而对他们的成长产生积极的作用。

最后，高校档案对培养学生的职业认同感与职业归属感具有现实意义。大多数高等院校都将专业理论教育和专业技能教育作为人才培养的重点,大学教育对于学生未来从事的职业一般具有直接的影响。良好的大学教育传统,是学生成功的事业起点和人生起点。无论是高校档案中的学生档案,还是教育教学档案、科技档案乃至学科建设档案,都是很多学生赖以获得成功的基础,从中除了可以了解一所学校办学成功的轨迹,还可以了解学生成长与成功的轨迹,这些对于今天的学生进行职业认同感与职业归属感教育无疑都有重要作用。

高校档案功能的发挥,有赖于人们对高校档案这些功能的认识与挖掘,但更为重要的是,高校档案教育功能更直接、更感性,更容易发挥其效用。这一特点是其他形式与内容的教材所无法比拟的。因而如何更好地挖掘、发现档案的教育价值并进而有效地贯穿在学校教育中,是需要认真探讨的重要课题。

7. 高校档案具有重要的教学价值

教学档案的管理为强化教学管理提供了有效的依据。在高校教学管理过程中,教学管理水平很大程度上依赖于学校的教学档案管理,通过对学校档案的分析和总结,从宏观上确定学校的教学发展方向,并拟订科学的教学计划,合理安排教学,从根本上制定学校的长短期规划。根据教学档案中的师生奖惩材料和思想汇报材料,调整思想教育工作,使其能够全身心地投入到教学工作中来。

8. 高校档案具有重要的记录价值

教学档案为校史编撰提供丰富的素材。高校校史体现了一个学校建立到发展的全过程,反映了学校的教学成绩和科研能力,也是体现学校形象的重要依据。而教学档案则积累了丰富的教学足迹,为校史的编撰提供依据。教学档案将学校的发展历程和要素按照类别明确地分类和管理,每一个类别都有其标注的档案盒,根据档案盒上的标注文字,便可以找到相应的资料,也是教学档案管理的一个便捷之处。

(二)高校档案的价值鉴定

档案的价值鉴定是档案馆(室)按照一定的原则、标准和方法,甄别和判定档案的现实使用价值与历史价值,确定档案的价值等级和保管期限,对失去保存价值的档案做相应处理的一项档案业务工作。

1. 教学档案价值鉴定的基本原则

(1)现实与历史辩证统一的原则。

档案是人类历史活动的产物,也是历史事件的真实记录,它是在一定的历史条件下形成的,与一定的历史条件相联系。教学档案鉴定必须把历史唯物主义和辩证唯物主义作为鉴定工作的指导思想。鉴定档案价值,必须尊重历史,坚持历史唯物主义的观点和方法,根据档案产生的历史条件、时代背景以及在历史上的作用,结合现实需要来考虑档案的价值。因此,分析档案的价值必须把档案放在它所形成的历史环境中,去具体分析档案的内容和形式。也就是说既要重视档案的现实价值,又要重视档案的历史价值,不能简单地用现在的眼光去看待以往的档案，离开当时的背景，对档案的有些内容就可能难以理解，对于历史上形成的某些内容不正确的文件，也应该正确对待，应该根据当时的历史条件加以分析，以维护历史的本来面貌。

（2）遵循教育教学规律的原则。

教学档案是按教学周期形成的，具有定向性、延续性、阶段性和循环性等诸多特点，具有其自身的规律。因此，在教学档案价值鉴定的过程中必须按照教育教学规律办事，把遵循教育教学规律作为教学档案鉴定的前提。

（3）需求性原则。

从档案的价值形态角度看，教学档案应具有利用价值（使用价值）和保存价值，但无论是利用价值还是保存价值又都是和教师个人、学校的事业发展乃至社会的进步密切相关的。因此，在教学档案价值鉴定的过程中必须用全局观点，从学校的整体利益出发，用全面的、历史的、发展的观点认识和估计教学档案对各项工作的作用，判定档案的利用价值和保存价值。

（4）客观性原则。

教学档案的价值鉴定要以档案文件所共有的原始记录性、凭证和信息作用、产生的历史背景和条件等要素作为鉴定工作的基础，必须尊重客观实际，充分衡量档案应用需求之广度、深度、特殊性及时效性，切忌擅断和主观。

（5）科学性原则。

科学性是教学档案价值鉴定的本质要求。教学档案的价值鉴定是一项十分复杂的系统工程，科学地选择鉴定标准是开展鉴定工作前提。在教学档案价值鉴定的过程中应充分依据教学档案的性质及其应用需求，选择适当的鉴定标准。

（6）完整性原则。

教学档案是在教学活动过程中按一定的程序形成的原始记录和轨迹，准确记载了教学活动的过程，描绘了教学活动的轨迹。就这一点而言，教学档案的特点首先体现在它的完整性上。如果搜集的材料不完整，教学档案就不能客观、全面地反映教学过程。因此，在教学档案价值鉴定的过程中应遵循全宗原则，将完整作为教学档案鉴定的总要求之一，尽可能体现档案的完整性、系统性、配套性和来源特性。

（7）去粗存精原则。

教学工作是一个动态发展的过程。教学档案是在教学活动的过程中形成的，但并非在教学活动中形成的材料都有归档价值。材料是形成教学档案的基础，教学档案是材料的精华。材料是否需要归档，唯一尺度就是看其对今后的教学工作和教学研究有无凭证作用和参考价值。只有按照一定规律、经过科学整理保存起来的、具有参考价值且便于查考的材料才是真正意义上的教学档案。随着教学工作的正常进行，教学档案会源源不断地产生。我们必须在不违背完整性原则的前提下，去粗存精、去芜存菁，开展反映学校教学工作全貌和教学改革、专业建设、课程建设、师资队伍建设、学生能力培养与技能训练、教学管理等具体方面业务的档案的精选工作,将精练作为教学档案鉴定的另一项总要求。在教学档案去粗存精、去芜存菁的过程中应特别注重档案内容价值,千万不能因档案媒体形式的不同等因素而影响筛选。

(8)参考案例原则。

档案鉴定有许多共同规律和共性,同类档案鉴定又应采用相同的标准,同行之间还有许多教学档案管理经验可以汲取。因此,在教学档案的鉴定过程中应注意参考过去相关档案鉴定的结果和汲取他人之所长。

教学档案鉴定除应遵循上述共同原则外,还应根据具体档案自身的个性特点选择遵循各自独特的原则、标准和实施方法。在确定档案鉴定各自独特原则、方法时,除了应从档案产生的历史背景、条件、内容、数量等因素考虑外,还应侧重从以下五个方面进行考虑:一是时间(时期)因素。即将某一时期某一类的全部保留或全部销毁,这是一种特殊的处理原则,而不是档案鉴定一般原则和标准。二是职能和事件重要性因素。即根据产生档案的机构、组织、个体的职能和某项具体教学工作的重要性来确定档案的价值。三是利用频次因素。一般来说档案利用频次和利用率与档案价值和价值实现成正比。四是信息开发利用程度因素。信息具有时效性和老化现象,随着时间的推移,档案信息价值会递减。五是保管期限因素。档案进馆(室)前鉴定划分的保管期限是对档案文件价值的判定,永久档案比定期档案价值要大,后续鉴定中一般对定期档案要严,而对永久档案相对要慎重一些。

2. 教学档案价值鉴定的基本方法

我国《高等学校档案实体分类法》明确规定,教学档案的主要内容包括学校在学科、专业与实验室建设、招生、学籍管理、课堂教学与实践、毕业生工作、教材建设与管理等教学活动或教学管理过程中形成的有保存价值的文字、图表、声像载体等材料。鉴于此,结合教育部《普通高等学校本科教学工作水平评估方案》,高校档案的归档内容主要应包括以下诸类材料:一是办学指导思想类材料。主要包括学校定位与办学思路、教育思想观念、教学中心地位、人才培养目标、学院与社会的联系等方面。二是师资队伍建设类材料。主要包括师资队伍规划、教师整体结构状态、青年师资队伍结构、主讲教师资格、师资培养、教师编著的教材、讲义、教案(文字和电子)和开发利用的各种教学课件、教学总结、教研成果、教师进修深造和教学观摩活动情况记载、工作量统计、教学效果和质量评价等方面。三是教学条件与利用类材料。主要包括教学基本设施、教学经费和教室、实验室、实习基地、图书馆状况以及运动场面积、体育设施等方面。四是教学建设与改革类材料。主要包括专业建设、学科建设、教学计划、课程建设、教学内容与课程体系改革、教材建设与成效、教学方法与手段改革、双语教学、实践教学内容与体系等方面。五是教学过程业务类材料。主要包括教学计划和教学大纲的制订或修订及执行情况、师资配备情况、授课计划表、教材使用、课程表等方面。六是考试管理类材料。主要包括各门课程的期中、期末试卷、补考试卷、试卷分析及考试总结等方面。七是实践教学类材料。主要包括实验和实训教学、实习和见习、社会实践、毕业论文或设计等方面。八是学籍管理类材料。主要包括新生录取名册、学籍成绩及学分登记表、奖惩情况、学籍异动情况、毕业生名册、学位授予情况等。九是教学管理类材料。主要包括管理队伍结构与素质、教研与实践成果、教学规章制度的建设与执行、教学环节的质量标准、教风和学风状况、教学评估与检查等方面。十是教学效果综合评价类材料。主要包括学生基本理论掌握与基本技能运用、创新与实践能力和毕业论文或设计情况、思想道德修养、体育合格状况、社会声誉等方面。十一是教学工作特色类材料。主要包括有关特色项目内容、效果等方面。

教学档案价值具有四个显著特点：一是教学档案价值的潜在性；二是教学档案价值的双重性；三是教学档案价值的唯一性；四是教学档案价值的非商品性。鉴于此，鉴定教学档案价值的基本方法应采用直接鉴定法。第一，鉴定人员必须直接审查教学档案材料，根据教学档案的具体情况直接判定其价值。只有充分了解教学档案的实际情况，并且掌握鉴定教学档案价值的标准，才能依据教学档案保管期限的有关规定来判定档案的价值。第二，鉴定人员要逐件、逐页地审查教学档案材料，从档案的内容、责任者、名称、完整程度、可靠程度等方面，去分析档案的价值，而不能仅仅根据案卷目录或题名判定档案价值。因为目录或题名概括档案内容及其他特征可能不一定准确，更不可能全面反映档案的详细内容和全部情况。

3. 教学档案价值鉴定的标准

鉴定标准是鉴定工作得以顺利进行的关键，是分析鉴定质量的度量衡。因此，为保证鉴定准确、去留无误，在制定鉴定标准时，就必须全面考虑被鉴定教学档案的实际情况，从档案的原有价值、稽凭价值等方面制定相应的鉴定标准。

（1）鉴定教学档案的原有价值。

鉴定教学档案的原有价值可以把教学档案的来源、内容、形式及替代特性作为基本评价标准。

①分析档案的来源。教学档案的来源主要是指教学档案的形成者。形成者是指文件的责任者或立档单位。分析档案的来源时应注意把握三点：一是通常情况下，形成者的级别越高，其文件价值就越大；反之，则越小。二是一般来说本单位形成的文件比外单位形成的价值大。因此，分析文件的价值，应站在本单位的角度，重点保存本单位形成的文件。三是在学校内部，教学管理职能部门和系（院）的教学档案具有保存价值。教学管理职能部门和在教学实践活动第一线的系（院）是教学档案形成的主体，他们在活动中形成的各种教学管理和教学实践活动材料，是学校一定时期教学活动的真实记录，反映了学校一定时期教学活动的真实面貌，这些教学档案在当前具有极高的依据和凭证作用，在今后对学校的教学管理和教学实践活动同样具有很高的凭证、查考和借鉴作用，因此其保存价值也就较大，有的甚至具有永久保存价值。而相对来源于学校下属其他有关部门的教学档案，它只是在本部门或较小范围内查考利用，因此其保存价值就较低，有些仅在本部门作短期留存。②分析档案的内容。教学档案的内容是决定档案价值最重要，也是最本质的因素。文件内容所记录的信息和反映的情况，是分析判定档案价值的关键因素，也是鉴定档案价

值的基础。因此，鉴定教学档案价值必须着重分析文件档案的内容，其中教学档案内容的重要性、真实性、时效性等因素又是衡量教学档案价值大小的重要依据。文件的用途是和内容联系在一起的，分析文件的内容，主要是看它说明了什么问题，反映了什么事实。一般来说，凡是反映教学工作方针政策、重大事件、主要业务活动的比反映其他一般业务活动的重要；反映本单位教学工作主要活动、基本情况的比反映非主要活动和一般情况的重要；反映中心教学工作的比反映日常教学工作的重要；反映全局性教学工作的比反映局部性教学工作的重要；反映典型性教学工作的比反映一般性教学工作的重要。③分析档案的形式。教学档案的形式是指教学文件的名称、责任者、载体形式以及归档文件的完整程度等。在某些情况下形式往往也是衡量档案价值标准的重要依据。就文件名称而言，不同文件的名称往往表示着文件的不同作用，在一定程度上反映出文件的不同价值。文件名称不同，用途不同，而保存价值也不同。比如规划、规定、决定、决议、纪要、报告、总结等，就比一般性的通知、简报重要，价值就大。应该注意的是在分析文件名称时必须将其和分析文件的内容等因素结合起来。就文件形成的责任者而言，由于教学档案收集、保管是以本校产生的教学档案为主，因此，在价值鉴定时，就要以本校形成的为重点，而其他单位形成的与本校教学活动有关的文件材料则仅在一定时期内予以保存，以备查考。就载体形式而言教学档案除了纸张以外，还有照片、录音带、录像带和光盘等电子档案，这些载体档案，往往是本校教学管理和教学实践活动中的精华所在，是教学活动中精华部分的真实刻录，它在今后的教学活动中具有很强的凭证、依据作用和指导、借鉴作用，因此，这部分载体档案往往具有很高的保存价值。就归档文件的完整程度而言，必须最大限度地保证全宗内档案的完整和反映历史面貌。在正常情况下，数量大、档案材料比较完整的，保管期限就应长一些；如果主要文件散失，那么次要文件保存价值尺度就应短一些。④分析档案的时效性。文件形成时间表明文件产生的历史。衡量教学档案价值的另一个重要标准，就是看其文件档案的时效性。一般来说，文件产生的时间愈早，保存下来的就愈少，也就愈显得珍贵，其价值就大。如上级教育主管机关下达的某些指令性、指导性文件，以及本校在教学管理和教学实践活动中形成的有关材料，在今后教学活动中需要长期查考利用，由于它的时效长，因此其保存价值相对就较高，我们在价值鉴定中，就应把这部分教学档案列为长期保存；而对于那些仅在短期内查考的档案，由于时效短，其保存价值相对就较低，仅作短期保存。⑤分析档案的替代性。档案是否可替代是衡量档案价值的重要因素。如果某教学档案具有不可替代性，其价值就会越高；反之，如果某教学档案可以由其他档案所替代，其价值就会越低。在教学档案价值鉴定的过程中应注意做好可替代档案的更新删除工作。

（2）鉴定教学档案的稽凭价值。

稽凭价值是指档案作为稽核凭证的价值。教学档案保存的目的在于教学管理和教学实践活动等方面的利用。因此，教学档案价值鉴定不仅要从教学档案的原有价值去分析，还应从教学档案的稽凭价值去分析掌握。鉴定教学档案的稽凭价值可以把档案功能的重要性、档案资料的可信度、与其他档案的关联性、考评绩效的参考性、影响评估的可能性作为基本评价标准。

①档案功能的重要性。教学档案价值大小往往取决于其所反映的内容和需求是否重要，一般说来，能反映学校教学管理和教学实践活动的真实历史全貌，在今后教学工作中需要长远利用的档案，其价值比较大。如上级教学主管部门下达的针对本校的有关专业设置、招生等方面的计划、指示和本校制定的各种教学制度、办法、规定、条例以及教学工作中的各种重要统计报表等，这些教学文件材料，对当前教学工作具有重要的凭证和依据作用，在今后学校教学管理和教学实践活动中同样具有长远的查考利用价值。因此，这部分教学档案就显得十分重要，需要永久或长期保存。而像各实习小组或社会实践小组的计划、总结等教学文件材料，虽在一定时期对教学管理和教学实践活动具有一定的指导和参考价值，但对学校长远的查考利用价值不大，这些文件归档后往往仅作短期留存。②档案资料的可信度。档案可靠程度直接影响甚至决定着文件价值的不同。只有反映教学管理和教学实践活动的真实过程、具有真实可靠这一基本属性的档案资料，才可作为教学管理和教学实践活动的凭证和依据，具有一定的查考利用价值。也就是说，档案资料的可信度也是衡量教学档案价值大小的重要标准之一。看档案资料的可信度主要看其所形成的教学文件材料是否具有原始记录的独特性质。例如，新生录取名册、学生学籍卡、学籍异动等材料，都是学校学籍管理工作中形成的原始记录，具有很强的真实性和可靠性。这些档案材料为日后编史修志、了解学校培养成果及办理毕业证明等可提供凭证和依据，因此具有很高的保存价值，需要永久或长期保存。而教师教学过程中摘编的一般性教学参考资料，由于摘编的种种人为或非人为因素，往往会降低其真实性和可靠程度，价值相对较小，不宜作为凭证和依据。③与其他档案的关联性由于教学档案具有过程性、周期性、成套性等特点，因此，某一个具体教学档案与其他档案的关联性便成为鉴定该教学档案价值的依据之一。一般而言，某教学档案与其他档案的关联度越高，且不可替代，其价值也就越大。例如，新生录取名册是学生被高校录取的凭证，是其他学籍档案存在的基础，它与学生学籍卡、学籍异动记录、毕业证书发放登记表等其他学籍档案联系非常紧密，因此，其实用和保存价值也就更大。④考评的参考性和影响评估的可能性。教学档案是高校档案的主体，是衡量教学质量和管理水平的重要标志，也是学校开展教育、教学评估工作的基础和依据，它对于开展教学研究、进行学术交流和总结过去、指导现在、规划未来具有独特的作用。教学档案是否齐全、适当，直接影响到学校办学绩效考核、教师教学质量考核和学生综合素质反映的客观性，影响到教育、教学评估的结果。因此，评价教学档案的价值必须充分考虑其对考评的参考性和影响评估的可能性。以上各个标准不是孤立存在的，它们之间互为补充，在实际工作中，应根据各立档单位的不同状况具体分析、灵活运用，从而切实保证鉴定工作的准确性。需要指出的是，价值鉴定工作是一项综合性、专业性很强的工作，随着高等教育改革的不断深入和现代化事业的不断发展，教学档案来源更加广泛，载体形式更加多样，文件之间的联系也更加复杂，这就要求我们在遵循教学档案价值程序、方法和

标准的同时，充分重视鉴定人员业务素质、水平的提高以及档案工作经验的总结和积累，只有这样，才能真正保证教学档案价值鉴定的质量。

（三）提高高校档案价值作用的优化对策

1. 重视高校档案重大价值

通过以上分析可以发现，高校档案具有十分重要的价值，因而各级各类高校必须高度重视高校档案的重大价值，加强对高校档案"价值管理"理念。各级各类高校的领导必须引导高度重视，切实加大对高校档案"价值管理"方面人力、物力、财力的投入力度，为高校档案"价值管理"创造有利条件；各级各类高校教师也要高度重视教学档案的重大价值，既要充分利用教学档案开展教学改革和创新活动，同时也要将自身的教学方案、教学方法、教学内容、教学模式及时地纳入教学档案管理当中，不断充实高校档案内容，只有这样才能更好地发挥高校档案的重大价值。

2. 完善高校档案运行制度

制度具有根本性、长期性、稳定性的重要作用，要想使高校档案的价值得到更有效的发挥，就必须进一步健全和完善高校档案运行机制。要进一步明确高校档案的管理、利用和开发原则，按照"集中管理、同步管理、专人管理"的方式，健全和完善高校档案管理制度；要将全程管理、全面管理、全员管理的"三全原则"，进一步健全和完善高校档案规范化、科学化、制度化体系建设，特别是要充分调动管理人员和广大教师的积极性、主动性和创造性，形成良好的合作机制，着力提升教育档案的规范性、全面性和有效性；进一步健全和完善奖惩制度，激励管理人员和广大教师共同开展教学档案管理、开发和利用工作。

3. 提高高校档案科技水平

随着全球科技信息化的快速发展，特别是在我国工业化与信息化融合度不断加深的历史条件下，高校档案管理、开发和利用必须朝着科技化、信息化、智能化的方向发展，使高校档案管理、开发和利用更具科学性。各级各类高校要大力加强高校档案数字化建设，将各类纸制档案尽快转化为数字档案，使其更好地发挥作用；要充分利用高校科研资源雄厚的优势，积极引导相关科研人员开发高校档案管理、开发、利用信息化服务平台，特别是要利用大数据、云技术来提升高校档案的储存、汇总、分析等功能，使高校档案的价值得到更好的发挥；各级各类高校还要大力引进和培养具有较强思想素质、政治素质、科技素质、职业素质的教学档案管理人才，着力提升高校档案管理人员的综合素质，使他们能够在高校档案管理、开发、利用方面不断地进行改革和创新。目前我国一些高校还没有深刻认识到高校档案的这些价值，因而高校档案的管理、开发和利用十分有限。在我国继续推动高校档案价值得到更全面的挖掘，使档案优势转化为应用优势。

综上所述，高校档案不仅是我国高校的宝贵精神财富，而且也是我国高校档案教学管理工作的重要组成部分。当前，教育体制改革必须高度重视教学档案的价值作用，以改革创新精神积极推动高校档案价值的管理、开发与利用，推动高校档案的价值作用发挥，取得更大的成效。

第二节　高校档案的基本内容

高校档案作为教学管理和教学实践活动过程中形成的文件材料，必须对学校和社会当前与长远具有参考价值和凭证作用；必须反映教学管理、教学实践活动的全过程，力求完整、准确和系统，必须遵循其自然形成规律，保持有机联系，符合教学管理和教学实践活动的成套特点，具体地说，高校档案主要包括以下几个方面的文件材料。

一、教学管理活动中产生的综合性材料

主要包括上级下达的教学工作方面的规划、指示、规定、办法；学校制定的教学工作规划、工作计划、实施计划、工作总结；有关教学方面的制度、规定、办法、条例、会议记录、教学检查、评估和各级优秀教学质量评奖材料、年终统计报表、学生运动会材料等。

二、学科与实验室建设方面的文件材料

主要包括上级有关学科、专业设置及实验室建设的文件材料；学校有关学科、专业、实验室论证、评估、申报、审批材料；重点学科专业、实验室建设材料；学科、专业、实验室建设计划、简报、总结材料等。

三、招生管理方面的文件材料

主要包括上级有关招生工作的文件材料，学校的招生计划、规定、生源计划，新生录取材料及新生名单及委培、代培、自费生招生计划、合同及新生名单，研究生入学试题等。

四、学籍管理方面的文件材料

主要包括新生入学登记表、学生学籍卡片、学生成绩总册、在校学生名册、学生学籍变更材料及学生奖惩材料等。

五、教学计划及课程教学实践方面的文件材料

主要包括学校各专业教学计划、教学大纲、课程建设要求及安排，校历表、课程表、各系、科、专业课程试题库、典型教案、重要备课记录、教师情况调查表，电化教育中的录音、录像、磁带等。

六、学位工作方面的文件材料

主要包括上级有关学位工作文件材料，本校学位评定条例、办法、总结，学位委员会会议记录，学位委员会授予各层次学位清册，本科生优秀学士学位论文、博士、硕士研究生学位论文及评审材料等。

七、毕业生工作方面的文件材料

主要包括上级有关毕业分配的文件材料，毕业生工作计划、分配方案、总结、调配派遣名册、毕业生存根，毕业生合影以及毕业生质量跟踪调查和信息反馈材料等。

八、教材方面的文件材料

主要包括自编、主编教材；自编、主编教学指导书、课程设计指导书、实验指导书、实习指导书和习题集等。

九、教师培训方面的文件材料

主要包括教师教学情况，教师工作量的规定及执行情况，教师业务考核材料、教师进修培训的计划、总结、学习成绩等文件材料。

第三节　高校档案的作用

一、高校档案的作用

（一）凭证、依据作用

高校档案是高校各项工作的真实记录和重要载体，档案信息是高校评估工作的重要内容，是对高校办学历史的真实反映，是高校评估的基础和依据。高校评估工作离不开档案信息，在本科教学水平评估中，专家对教学工作基本情况，教学条件、过程及效果的信息采集和等级的判断，一个极为重要的途径和方式是通过档案，离开档案谈评估，可以说是无源之水，无本之木，没有高校档案，就无法进行有效的高校教学评估。教学档案是高校教学原则、培养目标、专业设置和教学内容、方法、途径、效果的真实记录，是衡量高校教育管理水平和教育质量的重要标志之一，是高等学校档案的主体、核心和重点，它为教学工作评价提供重要依据。

教学档案的凭证、依据作用主要体现在：一是为教师的职称评定、职务晋级提供学历、教学经历、教学工作等具有权威性、完整性和不可替代性的材料，起到"立字为证"的作用；二是为学校的各项评估提供原始和真实的数据。近年来，在教育行政管理机构对高校各项工作开展的评估中，高校向评估专家组提供相关的背景材料主要来源于教学档案。专家组通过对教学管理档案的查阅，凭借教学档案提供的信息，对学校的教学计划及完成情况、课程设置、科研成果、学生成绩等内容迅速地进行定量分析和准确判断，依据教学评价体系对学校的各项工作给予客观评价。因此，教学档案的完整性、系统性和准确性对于教学评估结果的作用往往是直接而重要的，是教学评估工作的重要基础。

（二）参考、借鉴作用

教学档案是前人教学、实践的最原始记录，不但有存贮信息、知识的功能，而且具有参考交流、学习、参考、借鉴的作用。前人的优秀的教学方法技巧、先进的教育理论和理念都可供后人参考借鉴；即使不成功的做法也可以从反面给人以警示，以免后人"重蹈覆辙"。同时，教学档案为教育评估和教学评价提供真实的原始资料，为教育评估的顺利进行提供了参考、借鉴作用。因为无论教育评估工作程序、指标体系、组织机构如何确定，最终都将凭借大量的教学档案材料进行综合分析，从而对一所高校进行客观全面的评价。

同时，要提高教学管理水平和教育质量，需要不断借鉴已有的教学成果和教学经验，在原有的教学工作基础上优化教学模式，改进教学方法。教学档案以知识原载体的形式凝结着教师从事教学活动成功的经验和失败的教训，对进一步改进教学工作、提高教学质量具有广泛的参考和借鉴作用。如教学计划、教学大纲等材料，作为依据性文件，在课堂教学中起着重要的指导作用。又如在课堂教学、教学实习、野外实习、社会实践等活动中形成的各种载体的教学档案，不仅可以反映出教学中的成功与不足，为改进教学工作提供依据，而且有关教案、实习指导书、论文以及各种技能操作的文字、图片、音像等材料，也可以在今后的教学活动中作为对学生进行讲解、演示或操作的辅助材料，直接服务于教学工作。

（三）中介、载体作用

教学档案是在教学管理和实践活动中形成的，本身具有分散性、复杂性、周期性、成套性等特点。教学档案所积累的信息资源具有通用性功能，由此成为教学活动的中介和载体，为教学经验的交流和教学成果的检阅提供了平台。高校的教学活动是一种智力型的高层次活动，教师和学生作为教学活动的参与者，都具有较高的素质，学校可以借鉴其他高校较好的教学管理经验改善自身的教学模式，形成教学互动；本校的教师和科研人员可以借鉴教学档案，进行自我评价。同时，教师可以吸收其他教师的长处来提高自己的教学研水平，学生也可以通过查阅教学档案了解最新教学动态。

教学档案里有教师和教学管理人员在教学过程中不断探索形成的最新教学研究成果。利用教学档案进行教学改革和创新的研究不仅可以省时、省力，而且可使研究成果更加真实、可靠。如使用教材情况，对教师历年的讲稿、典型教案、教学指导书的研究和比较，可以看出教学水平是否提高。对历年的考卷、学生考试成绩、毕业论文、毕业设计等教学档案的比较分析，可以了解和掌握学生的学习情况及对学生创新能力的培养情况。通过利用教学档案对各院（系）之间以及不同年级的学生之间进行横向和纵向的比较分析，可以找出影响学校教学工作发展的诸多因素，进而探索出教学规律，指导整个教学工作。学校教学发展规划的制定，也离不开对学校历史的总结，通过对历史的数据进行分析对比，结合现实的客观实际，进行翔实的分析预测，做出科学的判断，制定出切实可行的长远教学发展规划研究。而对学校历史的分析与未来的判断及预测都是基于长期以来积累的具有价值的档案资料来进行的，其中教学档案是非常重要的利用资料。

（四）交流、传递作用

教学实践中不断产生着新的教学文件材料，将其纳入教学档案中可形成动态的、数量浩大的、内容丰富的信息宝库，这不仅是教学实践和管理工作的信息资源，也是师生交流的重要工具。借助教学档案，形成一个紧密的教育教学信息网络，可以使教师和学生及时了解高校教学改革的最新成果和动态，快速准确地进行教学档案的信息查询、交流和传递。教学档案不仅是教师与学生的交流和传递，也是不同高校之间交流的工具。如高校间的教学改革或评估都是处于不同的时间，不同高校在此期间可以根据在评估期间形成的教学档案互相交流，互相借鉴彼此的优势。

（五）维权、激励作用

教学档案是说明学校教育教学工作中事实的最真实的依据，可作为证实学校和个人正当利益的法律文件。如高校学科、专业、学位点建设的报告与批件，学生录取、毕业生的名单与表册、单据与存根等。完整的学籍档案不仅是处理学籍问题的凭证，还可以辨识学历、文凭证书的真伪，有效遏制买卖、制造假文凭的行为，维护学校的声誉。另外，教学档案作为原始记录，客观、公正地记载了教师的教学态度、教学水平和创新能力，可以为考核教师教学工作提供可靠的依据，为教师的任用、考核、晋级、评奖等提供公正有力的凭据，有利于调动教师的工作积极性。

（六）服务、开发作用

发掘教学档案中蕴藏的珍贵信息可以提升高校档案信息服务水平。网络环境下的各项新应用又为高校档案信息个性化服务提供了技术支持，进而拓宽了高校档案信息服务的范围，优化了这种服务的内容和方式。

档案信息服务是指档案机构以特定的方式满足用户档案信息需求的过程。高校档案不但记载着一所学校的历史，也往往是追寻其所在城市历史的一个载体。高校档案信息服务是高校档案馆（室）基于馆藏资源为校内师生和校外公众提供档案信息服务的行为。

1.新时期高校档案信息服务对教学档案资源的管理和开发提出了更高要求

（1）高校档案及其类别。

高校档案是高校教学活动的客观记录，是反映教学成果的真实材料，是高校教学水平的真实体现。目前高校档案主要包括学籍档案、毕业论文和教材样书等内容。

学籍档案是指高校在读本专科生、研究生（学术型、专业型）和在职进修、成教学员、委培人员的所有与学籍有关的、具有长期存档价值的历史记录，记载着各类学生在校期间的所有信息。在高校档案中，学籍档案所占比重和利用率都是最高的。本科生以及博士、硕士研究生的毕业论文和教师编写的教材样书是直接体现学校的学术走向和历史轨迹的原始资料，往往被图书馆收藏并用于提供文献传递服务。档案馆在这一领域的工作缺失反映了高校档案界的服务理念与图书馆界的差距，值得反思。

（2）高校档案信息服务格外重视教学档案的完整和规范。

随着高校办学规模的扩大、教学模式的开放、专业设置的变化和招生数量的增加，教学档案的数量和种类急剧增加，涉及的部门越来越多，增加了收集和整理工作的难度。这在学籍档案的收集中最为明显。例如，学生的相关个人信息和成绩单来源于教务处；招生名录、奖惩记录和毕业信息来自学生处；等等。学籍档案出自多少部门，往往要视学校的机构设置而定。而这些部门所使用的管理软件的兼容性问题、多个部门的协调问题、具体工作人员的业务水平和责任心等都影响着这项工作的顺利开展。

国家档案局令第8号《机关文件材料归档范围和文书档案保管期限规定》和中华人民共和国教育部令第27号《高等学校档案管理办法》为高校档案管理提供了政策保障。在实际工作中，对于教学档案的收集和整理还需要根据现实情况与时俱进，以有利于高校档案信息服务为出发点探索工作新思路。

（3）重视高校档案信息服务有助于盘活教学档案的更多价值。

在高校档案工作人员和档案利用者的观念中，教学档案的价值还基本停留在成绩查询和学籍材料真伪的鉴定方面。实际上，教学档案在高校档案信息资源开发方面还具有更多潜在价值。学生在校期间的各种奖励（如奖学金记录、各类比赛获奖证书等材料）不仅仅在学生在校期间保送研究生、转专业、入党、评优等工作开展时才派得上用场，殊不知，这些材料在学校与校友沟通时具有极大的利用价值。例如，在校友返校聚会，优秀校友返校做学术报告，学校与校友在进行学术、科研合作和校企合作时，学校档案馆如能充分发挥馆藏资源优势，及时提供校友在校期间的"亮点"信息，会极大地拉近学校和校友之间的距离，真正让校友感到学校就是"娘家"。

2. 加强教学档案的管理有助于提升高校档案信息服务水平

（1）有助于推进档案信息服务社会化的进程。

长期以来，高校档案部门更专注于服务本校的教学、科研和日常管理工作，对服务范围和服务对象的限制制约了社会对高校档案信息的广泛利用需求。新的社会环境要求高校档案界更新服务理念，改变以往"重藏轻用"的思维模式，定位于面向全社会进行档案信息服务。高校档案信息服务社会化，是指高校档案部门利用馆藏资源满足社会需求的一种信息服务行为，反映了新时期高校档案馆（室）在服务学校师生的同时，开始逐步重视社会日益增长的对高校档案信息服务需求的现象。网络环境对这一服务提供了便捷的同时，也强化了这一需求。高校档案机构要及时应对档案信息服务的社会化趋势，拓宽思路，研究如何将日常管理工作与这一趋势相结合。

（2）有利于优化高校档案编研工作成果。

档案编研是档案信息资源开发利用的动力。目前多数高校尤其是建校时间较短，高校的档案编研工作基本满足于低层次的信息汇集，针对性和实用性不强，缺乏组织与规划。加强档案编研选题的时效性，将选题与国家的重大纪念活动和学校的校庆等活动相结合，可以增强档案编研选题的前瞻性。在这项工作中，高校档案起着不可或缺的作用，因为它记录了学校教学活动的全过程，反映了一个高校的整体教学水平、学科设置、学术思想和学校的历史脉络，其蕴含的信息可以为高校撰写成果汇编、年鉴和编史修志提供权威的数据。

（3）强化高校档案部门在学历认证方面权威性和话语权。

教育部第27号令第32条明确规定，"高校档案机构是学校出具档案证明的唯一机构"。在学历鉴定服务中，招聘单位经常要求学校档案馆配合学历认证工作，对应聘人员的学位证、毕业证或其他学籍材料进行鉴定以确定其真伪。这就要求学籍档案必须完整。馆藏学籍档案如果收集不全，就无法为这项工作提供足够的材料支撑。如果馆藏记录丰富并能及时出具相关证明，校友会倍感亲切，从而潜移默化地扩大学校的影响。

学籍档案中，高考录取招生名册、毕业成绩、学位授予材料、毕业登记材料和学生派遣存根是现在学历认证、职称评定和职务晋升等的重要依据，是高校档案中利用率最高的部分。学历认证工作政策性强，责任重大，高校在参与打击学历造假行动中责无旁贷。另外，高校档案馆在保证数据安全的前提下可以考虑开发学历认证系统，为学历认证部门提供学历材料以减少利用者查询的盲目性并提高高校档案工作人员的工作效率。

3. 网络环境下基于教学档案提高高校档案信息服务水平的措施

（1）加快教学档案的数字化进程和特色数据库建设。

高校档案的数字化加工和存储是网络环境下档案信息服务的基础。数字化工作要视馆藏现状、利用需求的迫切程度分批进行。教学档案的查询需求在高校档案信息服务中所占比重最大，网络环境下这一需求更被强化。教学档案的数字化建设是现阶段高校档案馆（室）基于互联网进行档案信息服务的主要切入点。数字馆藏建设要优先考虑教学档案。在教学档案的数字化加工过程中，要严格质量控制。

数据库建设和管理是一项长效机制。高校档案馆应根据学校定位、历史沿革、地域情况和技术实力，充分发挥教学档案的特点和其中蕴藏的珍贵信息，有计划、有步骤地进行本校的数据库建设。这有利于激活教学档案的潜在价值，充实馆藏数字信息资源，提高数字档案资源的查询成功率和利用率。有条件的院校还可以优先建立特色数据库，如著名校友数据库。一些百年名校的知名校友的档案，往往成为这些高校档案馆的"镇馆之宝"。

（2）充分利用网络特点开展个性化档案信息服务。

个性化档案信息服务是基于网络通信、人工智能等多种技术获取并分析档案用户的查询需求、习惯、倾向性以及个人背景等信息，为用户提供有针对性的、特定信息的综合性服务。教学档案内容复杂、来源丰富，形式多样，是高校档案机构开展个性化档案信息服务的基础。

①灵活运用多种服务形式，提高档案信息服务能力。高校档案馆要顺应时代需求，构建档案信息服务的新模式。web2.0环境下的网络应用还没有被档案界充分利用的情况下，微博、微信等传播方式又为档案信息服务提供了新的发展空间。新型的互动方式尤其适合学籍档案查询服务，这不仅能实现一对一的实时服务，还有助于档案工作人员汇集有代表性的问题集中解答，进行参考咨询服务。另外，通过在网上和广大校友的长期交流获取的信息，档案馆可以在校庆和每年的校友返校活动中做足文章。例如，在校友返校时，将其入学时的原始凭证、学籍材料、毕业论文、学位授予材料和获奖情况的复印件装订成册或包装成纪念品的形式提供给校友，将带给校友难以名状的温馨感受。这凸显了学籍档案在高校档案中的地位和高校档案馆个性化服务的能力。条件允许时，这些材料的电子版将是这种服务能力的强化和提升。②优先开展针对教学档案信息的智能检索和知识挖掘工作。在保证隐私权并符合法律规定的前提下，对海量的教学档案信息进行深层次的开发利用是提高高校档案信息服务水平的一项重要内容。探索对教学档案进行深加工以获取规律性数据，对校内可以更好地服务教学和学校的相关工作，对外可以更好地提升档案信息社会化服务的水平。"大数据"时代的到来为高校档案信息服务社会化提供了新的思维方式。高校数字档案馆的建设将面临社会众多类型的信息需求，服务的社会化意味着对个性化服务的强化。云计算技术和数据挖掘技术为这一服务提供了技术支撑。针对用户对教学档案的信息需求和查询习惯，高校档案馆可以推出各种有特点的网络信息个性化服务。例如，通过分析用户对学籍档案的查询历史和需求趋势，可以推出智能检索服务和推送服务。当然，这要充分保证相关各方的利益，控制档案信息再次传递的范围，避免法律风险。

（七）教学评估作用

学校档案是学校直接记述和反映学校活动，保存备查和各种学校文件材料的总称。可以说，学校档案是学校树立自我形象和价值观，从而树立学校文化的载体。一方面，学校档案记述了学校树立自我形象和价值观建设的过程，可以为新时期学校建设提供借鉴和依据；另一方面，加强对学校的档案管理也是学校自我形象和价值观建设工作的重要组成部分。二者关系非常密切，并且相互促进。

学校档案是学校宝贵的财富，具有科学文化的属性，因此，学校档案建设就是一种学校自身形象和价值观建设。学校对档案信息资源的依赖性日益增强，学校档案在改进管理方式和探索新的教育教学方法方面，发挥了积极的作用。学校档案中有很大一部分记录和保存的是学校教育教学经验和成果的，这些档案记载了无数教师多少年辛勤的汗水，反映了学校总体的教学水平，是学校教职员工的劳动结晶，即教学档案。学校档案也包含了学校组织管理经验和教训，也是学校教职员工在学校自身形象和价值观建设中不可多得的宝贵的精神财富。在"迎评"准备工作中，尤其体现了教学档案的宝贵价值。教学档案源于我们的教学实践，是在教学活动中形成的，它们是整个教育工作的记录，反映了教育工作的全过程。

高校档案作为教育评估的基础和依据，在高校评估中的作用也越来越大。可以这么说，没有高校档案，就无法进行高校的教育评估。然而，在教育工作评估中，有些人对高校档案与教育评估的相互依赖关系认识不够明确，认为档案在高校评估中无关紧要，因而忽视了档案在高校评估工作中的作用，使得学校整体评估工作受到影响。从参与高校评估的具体实践中，在教育评估中轻视档案的思想和做法是十分错误的。

一方面，丰富的档案资源是高校评估工作的基础和依据。档案是无价之宝。它作为人类社会活动的真实记录，是人类文明的阶梯，也是世界文化遗产的重要组成部分。在高校，它不仅是高校发展的历史凭证，而且详细真实地反映了一所高校的历史全貌。它随着学校的建立而产生，随着学校的发展而在逐步地积累。近几年来，随着高校档案工作的不断发展，社会对于档案工作的要求也越来越高。而档案的生命力也就在于它能不断地满足社会的需求。之所以如此，是因为它具有其他资料不可替代的功能和作用。

第一，查考凭证作用。其主要特点就在于它的原始性强，是历史的原始记录，是最可靠的第一手材料。从内容上看，在一所学校里，它是学校历史的真实记录，是学校师生员工劳动智慧和经验的结晶，是知识和信息储存的一种形式，同时也是学校自我认识、自我总结提高、自我发展的依据之一。从形式上看，档案是文件材料有条件的转化物，是"作为历史记录保存起来以备查考的"文件，是令人信服的历史证据。恩格斯说过对于事态的真相，现在不可能提出文件来做证据。只有在事件本身成为历史陈迹的时候这些证据才会出现。因为从档案的本身来看，它原样地保留着形成者当时的亲笔手稿、亲笔签署，这些历史标记可以作为历史真迹的证明，作为查考、争辩和处理问题的依据。在熟悉情况、总结经验、制订计划、进行决策、研究问题、开拓创新等项工作中往往需要查考这些真实的历史记载。只有这些历史记载才使我们了解其过去，预测未来，才能从中寻求学校发展的基本过程和规律，并作历史事件，难以科学地总结历史发展规律，评估工作也就难以进行。

第二，参考依据作用。档案不仅记录了历史活动的事实经过，而且记录了人们在各项活动中的思想发展、经验教训，以及创造性成果。档案的参考依据作用就在于它的可靠性。对许多工作来说它是一种宝贵的资料；对某些活动来讲，它又是不可缺少的参考依据，有些历史学家称誉它为"没有掺过水的史料"。在一所高校要培养有文化、有理想、有道德、有纪律的人才，就需要按照新的教育观、人才观和质量观的要求，全方位地深化改革，制订改革方案，进行科学研究。只有掌握档案这一可靠的资料，才能综合地去分析、去研究，才能做出科学的决策。如果离开这些，教学、科研、管理等项工作就无法进行。任何一所高校所进行的各种形式的评估，最有说服力的依据便是档案材料，只有这些材料，才能对一个评估单位进行客观、公正、全面的估价。这就明确地肯定了丰富的档案资源在评估工作中的凭证和依据作用是不可替代的，它直接影响着学校评估工作的结果。所以，人们常常比喻说，档案是进行科学研究不可缺少的"粮食"或"能源"，是带给未来收获的科学的种子。

另一方面，评估工作促进高校档案事业的发展。评估是国家对高校进行宏观管理的一种手段，是对高校实行监督和考核的主要形式，是国家判定一所高校是否合格以及选定重点高校、重点学科、增设研究生、硕士生、博士生的重要依据。评估的结果是直接影响一所高校的声誉和地位，关系到学校命运和前途的大事。由于档案在评估中所占的比重和作用越来越大，档案和档案工作也就越来越引起校领导和师生员工的重视，真正强化了档案在人们心目中的地位。档案工作人员也从思想上认识到自己所从事的工作的意义和所肩负的历史责任，认识到档案工作是高校的一项重要的基础工作，是衡量学校教育质量和管理水平的重要尺度，认识到评估和档案是密不可分的，离开档案谈评估，可以说是无源之水，无本之木。根据《中华人民共和国档案法》、国家教委第6号令《普通高等学校档案管理办法》和《高等学校档案工作规范》的要求，在短短几个月里，学校从整理教学档案试点到推广、从检查验收到评比通报，共整理教学档案2000余卷，这不仅极大地丰富了档案资源，而且对原来不规范的案卷又进行了加工整理，使各系教学档案初具规模，纳入了规范的管理。

实践证明，档案不仅把学校过去所做的各项工作系统而准确地再现在评估汇报材料中，为评估赢得了时间，有效地解决了实际问题，而且把学校昨天工作的一个个闪光点展现在专家组眼前，有力地证明了学校各项工作汇报的真实性、客观性。所以，档案既是学校评估、改革和发展不可缺少的基础和前提条件，也是学校积累的宝贵财富，评估工作将有力地推动高校档案事业的发展。

二、如何提高高校档案作用

（一）重视高校档案重大价值

通过以上分析可以发现，高校档案具有十分重要的价值，因而各级各类高校必须高度重视高校档案的重大价值，加强对高校档案"价值管理"理念。各级各类高校的领导必须引起高度重视，切实加大对高校档案"价值管理"方面人力、物力、财力的投入力度，为高校档案"价值管理"创造有利条件；各级各类高校教师也要高度重视教学档案的重大价值。既要充分利用教学档案开展教学改革和创新活动，同时也要将自身的教学方案、教学方法、教学内容、教学模式及时地纳入教学档案管理当中，不断充实高校档案内容，只有这样才能更好地发挥高校档案的重大价值。

（二）完善高校档案运行制度

制度具有根本性、长期性、稳定性的重要作用，要想使高校档案的价值得到更有效的发挥，就必须进一步健全和完善高校档案运行机制。要进一步明确高校档案的管理、利用和开发原则，按照"集中管理、同步管理、专人管理"的方式，健全和完善高校档案管理制度；要将全程管理、全面管理、全员管理的"三全原则"，进一步健全和完善高校档案规范化、科学化、制度化体系建设，特别是要充分调动管理人员和广大教师的积极性、主动性和创造性，形成良好的合作机制，着力提升教育档案的规范性、全面性和有效性；进一步健全和完善奖惩制度，激励管理人员和广大教师共同开展教学档案管理、开发和利用工作。

（三）提高高校档案科技水平

随着全球科技信息化的快速发展，特别是在我国工业化与信息化融合度不断加深的历史条件下，高校档案管理、开发和利用必须朝着科技化、信息化、智能化的方向发展，使高校档案管理、开发和利用更具科学性。各级各类高校大力加强教学档案数字化建设，将各类纸制档案尽快转化为数字档案，使其能够更好地发挥作用；要充分利用高校科研资源雄厚的优势，积极引导相关科研人员开发高校档案管理、开发、利用信息化服务平台，特别是要利用大数据、云技术来提升高校档案的储存、汇总、分析等功能，使高校档案的价值得到更好的发挥；各级各类高校还要大力引进和培养具有较强思想素质、政治素质、科技素质、职业素质的教学档案管理人才，着力提升高校档案管理人员的综合素质，使他们能够在高校档案管理、开发、利用方面不断地进行改革和创新。

综上所述，高校档案不仅是我国高校的宝贵精神财富，而且也是我国高档教学管理工作推动教育体制改革的重要组成部分，更是我国高校未来发展的重要基础，具有重要的参考价值、文化价值、证明价值、动力价值，但目前我国一些高校还没有深刻认识到高校档案的这些价值，因而高校档案的管理、开发和利用十分有限。在我国继续推动高校档案价值得到更全面的挖掘，使档案优势转化为应用优势的历史条件下，必须高度重视教学档案的价值作用，以改革创新精神积极推动高校档案价值的管理、开发与利用，推动高校档案的价值作用发挥取得更大的成效。

第四节　高校档案的演变

一、我国档案的起源

档案究竟是怎样产生的呢？在原始社会，当人们进行社会实践，需要表达和交流思想感情时，只能依靠语言。但语言既不能持久，也难以远传，这样，只能通过记忆来相互转告。这种"口耳相传"的传递方式为我们留下了各种远古时代的"传说"。然而，人们的记忆能力毕竟有限，为了适应日益复杂的社会生活和生产的需要，人们开始借助某些实物来记忆。最初古人创造了"结绳"和"契刻"的方法记事，辅助记忆。"结绳"就是在绳子上打结，用绳结的大小、多少等表示不同的含义。"古无文字，结绳为约，事大，大结其绳；

事小，小结其绳"。"契刻"就是在木头上刻出各种符号、标记以表示不同的含义。这些"结绳"和"契刻"的符合虽然也能起到一定的备忘、信守和凭证的作用，但它们毕竟只能帮助人们回忆起某些被忘却的记忆，而不能表达确切的、完整的、抽象的概念。因此，"结绳"和"契刻"还不能称之为档案。

随着社会的发展，产生了文字，出现了私有制和国家。为了适应公务管理，交往联系的扩大和记载事物等各种需要，产生了比较有条理的公务文书。我国古代的典籍中就曾有类似的记录。唐朝张怀瓘在《书断》中写道："大道衰而有书，利害萌而有契。"随着文书的产生和使用，也就形成了早期的档案和档案工作。

我国的档案有着悠久的历史，但"档案"一词的称谓，则是较晚才出现。在商代，档案叫"册"，甲骨文中就有"册"字，"册"字是连接简牍之象形字。周代叫"中"，"中"即官署之薄书。秦汉时则称作"典籍"，汉魏以后叫"文书""文案"——各种公文统称为"文书"，公文案卷叫作"文案"。唐宋以后叫"文卷""案卷""案牍"。文，是指法令条文；卷，是指书卷。唐代书为"轴"，一轴为一卷，法令文书称为"文卷""案卷"，官府的文书统称"案牍"。"档案"这个名词一直到明末清初才出现。清代的杨宾在《柳边纪略》中对档案一词作如下解释："边外文字多于书本，往来传递者曰牌子，以削木片若牌故也；存贮年久者曰档案，曰档子，以积累多，贯皮条挂壁若档故也，然今文字之书于纸者。亦呼为牌子、档子矣。"意思是说，满族入关以前，是用木片作为文字书写材料，传递完毕后，横竖成行挂在墙壁上，当时叫"牌子""档子"，档，即木架框格之意，一档为一架。满人入主中原，建立大清国后，改木片为纸质文件，但仍沿用过去习惯的称谓，也叫"档子"。而原来纸质文件的名称叫"案"，所以，就把办理完毕后保存起来的纸质文件称为"档案"。"档案"这词源出于此，并沿用至今。

二、高校档案管理的起源

在 20 世纪 90 年代中后期开始实施的面向广大高校的"211 工程"，从而标志着中国高等教育改革和发展正式起步。在经过 20 多年的发展过程中，我国高等院校的教学模式的转变已经显而易见，而教学模式也从开始"万人齐走独木桥"的精英教育逐渐面向大众化，连年的高校扩招，使大多数人的"大学梦"变成现实。高校的不断扩招使得教学规模和范围不断壮大，也使得很多新的教育理念、管理理念脱颖而出，使得多样化教学模式、多样化管理模式在各大高校都十分普及。但在发展的同时问题也随之而来，教学交流活动越来越频繁，教学涉及范围越来越广，师生数量越来越多，相应的教学档案和管理方式应运而生。

三、高校档案管理制度的演变与现状

中华人民共和国成立以来，我国高等教育事业的发展虽然经历过一些波折，但总体上实现了由小变大、由弱到强的转变。教育部高教司2016年发布的《中国高等教育质量报告》显示：在中华人民共和国成立的1949年到改革开放的1978年，我国高等学校在校学生人数从117万人增加到867万人，高等教育毛入学率从0.26%增长到1.55%；而在2015年，高校在校学生人数有3700万之多，毛入学率达到了40%。与20世纪50年代相比，高等教育的规模增长超过310倍，高等教育毛入学率增长超过150倍。在高等教育事业快速发展过程中，教学档案的产生和积累也呈高速增长态势。但与高等教育事业快速发展不相适应的是，高等学校档案管理事业的相关法律法规的制定却明显滞后于教育事业本身的发展，我国高校档案管理工作还有亟待完善和规范的地方。

（一）高校档案管理的现状分析

档案是历史的记录，是以知识形态所体现社会生产力的宝贵信息资源。高校档案主要包括反映教学管理、教学实践和教学研究等活动的文件材料。其中既有人才培养方案、教学管理制度、教学改革项目、教学研究成果等体现综合教学管理的材料，也有记录教学和实验室基础建设与管理的实践类材料类；还有记载学生奖惩和学籍异动等情况的学生管理材料以及教材使用、毕业审核与学位授予等十几个二级类目。与高校档案管理相关的法律法规也包括了三个层面，一是由全国人民代表大会审议通过的法律，二是国务院审核通过后发行的行政法规，三是由教育部、国家档案局颁布执行的部门规章。

1. 高等学校档案管理的法律依据

国家层面出台的第一个与教学档案管理相关的法律是1987年9月5日第六届全国人民代表大会常务委员会第二十二次会议通过的《中华人民共和国档案法》。它是我国有史以来最高权力机关制定的关于档案事业的第一部法律，随着档案管理事业的发展，全国人民代表大会常务委员会于1996年7月对《档案法》进行了修订。修订后重新发布的《档案法》对档案机构及其工作人员在档案事务中的权利、义务和责任以及对各类违法行为做了更加明确的规定，加大了档案行政管理部门的执法力度，赋予并明确了档案行政管理部门行政处罚的职能。

我国第二部与教学档案管理相关的法律当数2015年8月29日第十二届全国人民代表大会常务委员会第十六次会议通过的《中华人民共和国刑法（修正案九）》。在该法第二百八十四条中明确规定："在法律规定的国家考试中，组织作弊的，处三年以下有期徒刑或者拘役，并处或者单处罚金；情节严重的，处三年以上七年以下有期徒刑，并处罚金。""为他人实施前款犯罪提供作弊器材或者其他帮助的，依照前款的规定处罚。""为实施考试作弊行为，向他人非法出售或者提供第一款规定的考试的试题、答案的，依照第一款的规定处罚。""代替他人或者让他人代替自己参加第一款规定的考试的，处拘役或者管制，并处或者单处罚金。"《中华人民共和国刑法（修正案九）》将考试作弊纳入刑法，为高等学校教学档案，尤其是各类考试档案和学生奖惩材料的管理提出了新的要求。

2.高等学校档案管理的相关法规

与高校档案管理有关的行政法规有据可查的包括《档案专业人员职务试行条例》《关于〈档案专业人员职务试行条例〉实施意见》《机关档案工作业务建设规范》《中华人民共和国档案法实施办法》《机关文件材料归档范围和文书档案保管期限规定》等。

指导我国高等学校档案管理的最早的行政法规是中共中央办公厅和国务院办公厅于1983年4月28日印发的《机关档案工作条例》，该条例对档案部门的基本任务、工作体制、常设机构和人员配置、档案的接收、管理、提供利用和移交等做出了明确的规定。同时在第二十九条明确指出：企业、事业单位的档案工作应参照该条例执行。继《机关档案工作条例》之后，中央职称改革工作领导小组1986年3月28日转发了国家档案局关于《档案专业人员职务试行条例》和《关于〈档案专业人员职务试行条例〉实施意见》两个文件，对档案工作人员的任职资格、岗位职责、职称评审与聘任等条件进行了说明。

随着档案管理工作的发展变化以及一系列新情况、新要求的出现，国家档案局又于1987年12月4日发布了《机关档案工作业务建设规范》。该规范对机关档案工作的基本任务、档案的接收、整理、保管、利用、统计、鉴定、移交等问题做了具体要求。

在《中华人民共和国档案法》颁布执行后，国务院于1990年11月19日又发布了《中华人民共和国档案法实施办法》，该办法对档案机构的设置及其职责、档案管理要求、档案的公布即利用、档案管理的相应奖惩机制做了规范。由于档案管理工作的自身发展需要，全国人民代表大会常务委员会于1996年7月对《中华人民共和国档案法》修订版进行了审议并发布执行；与此同时，国务院于1999年5月5日批准修订了《中华人民共和国档案法实施办法》，并于1999年6月7日以国家档案局第5号令重新发布；为正确界定文件材料归档范围准确划分档案保管期限，国家档案局于2006年9月19日发布了《机关文件材料归档范围和文书档案保管期限规定》，将档案的保管期限进行了明确界定。

3.高等学校教学档案的其他规章

与高等院校教学档案管理直接相关的规章制度当数原国家教委和国家档案局1987年制定的《高等学校教学文件材料归档范围》，该文件不仅对教学档案的类别做了规范，而且明确了教学档案的类型，为规范档案的收集与整理提供了具体的指导建议。随着高校档案管理中各类问题的不断显现，为了加强高等学校的档案工作，提高档案管理水平，充分发挥档案的作用，国家教委1989年5月进一步制定颁布了《普通高等学校档案管理办法》，进一步明确了高等院校档案场馆的建设标准、人员职数、教学档案的类型和归档范围、档案的日常管理以及开放应用、表彰奖励等若干事宜。1993年，原国家教委进一步制定并发布了《高等学校档案实体分类法》和《高等学校档案工作规范》两个文件，为高等学校档案分类及管理提供了具体的标准和规范。

（二）高校档案管理的制度缺失

1. 档案管理的时效问题

在《机关文件材料归档范围和文书档案保管期限规定》中，档案的保管期限只有永久、30年和10年三个时限。并且明文规定："对保管期限已满、已失去保存价值的档案，经有关部门鉴定并登记造册报校长批准后，予以销毁。未经鉴定和批准，不得销毁任何档案。"最高人民法院、国家档案局1984年颁发的《关于人民法院诉讼档案保管期限的规定》将诉讼档案的保管期限分为永久、长期、短期三种。长期保管时间为60年，短期保管时间为30年。但档案管理有时会涉及民事诉讼，为此对于一些不太重要的档案至少要保存两年。因为在法律规定的诉讼时效期间，权利人提出请求的，人民法院就强制义务人履行所承担的义务。而在法定的诉讼时效期间届满之后，权利人行使请求权的，人民法院就不再予以保护。由于档案的用途和性质不同，档案保管的时效也应该有所区别，但目前的管理制度之间的不统一会导致高校档案管理人员对部分特殊教学档案的管理时效产生困惑。

2. 电子档案的归档问题

学分制与选课制在高校的推广和高校教务管理系统的应用使得传统以纸质媒体为主的教学档案逐步趋于电子化，随着翻转课堂、慕课、在线课程、在线考试等新的教学和考核形式的出现，很多教学档案在数字设备及环境中生成。这类电子教学档案的归档方式和储存问题已然成为高等院校必须面对的问题之一。

3. 证据档案的管理问题

《中华人民共和国刑法（修正案九）》的出台让考生作弊材料从普通的教学档案向法律证据转变成为可能，如何妥善保管考生作弊材料已经不再是单纯的档案管理问题，而是成为法律证据的收集和保管问题，但目前执行的高校档案管理文件对这类型特殊档案的管理问题尚未形成明确的意见。

4. 成绩档案的更新问题

教学档案不仅是学校教学过程的简单记录，教学档案中的学籍登记表、成绩表、实习鉴定表等内容是伴随学生一生的重要材料。对于学生来讲，他的就业、入职、职称晋升等事情都与其档案有着千丝万缕的联系。根据教育部相关法规，大学生学籍最多可以保持8年。随着高校扩张、弹性学制、大学生休学参军入伍、休学创业等现象日益频繁。部分大学生并不能在4年内完成学业，而高效教学档案的归档时间一般在大学生毕业次年的6月。这就会导致部分学生成绩档案在归档时仍有不及格课程和未修得学分。教学管理制度与档案管理制度的不相符会为很多非正常毕业生的档案带来非常多的问题。

5. 教学档案数字化问题

由于部分工作人员在档案流转和保管过程的不作为，学生档案遗失事件时有发生，再加上档案造假现象屡有发生，接受学生和用人单位对于教学档案的查询、验证，并对遗失的教学档案进行重建是档案管理员经常面临的工作之一。而高校生源地和就业地跨度大，纸质档案的查询、验证和重建工作的时间和经济成本较高。在互联网和多媒体技术已然非常成熟的今天，教学档案的数字化管理和查询却相对落后，这为学生重建教学档案、用人单位进行档案的查询验证增加了工作的难度，降低了时效性。

四、高校档案管理方法的演变与现状

（一）教学档案管理责任到人

在大多数学校，教学秘书充当了院系（部）的档案管理第一执行人。教学科是部门与教务处之间的纽带，通过教学科链接上下级的沟通，对教学档案的归档起了保障作用。建立三级管理体制，根据各个大学的实际情况落实教学档案管理责任制，按照大学教务处和各部门的三级管理机制对各自的档案管理工作进行划分。大学的档案室主要负责宏观教学档案，包括规章制度、各课程的建设、不同专业的设置、历年招生和学籍情况、毕业生登记表、各专业教材、教育教学等相关的上级文件和汇总性的资料等。各院系（部）负责保存和归档与本部门相关的教学档案，如本部门的教学计划、课程安排、学生考试试卷、教师教案、毕业设计、学籍等数量大的材料，这样便于各部门随时查询，对教学档案室减轻了负担。教务处对教学档案的保存范围较笼统，对宏观和微观的材料都要做到查有证，如教师教学日常情况由院系（部）记录，但教务处会起到监督和管理的作用，对异常的教学情况进行记录；对学籍发生异动的学生档案进行保存。大学各部门根据自己的教学管理范围和工作内容制定相应的教学档案工作责任制度。按照教务处的要求，让相关教学管理人员明确自己的工作职责，在规定时间内把相关的教学档案归类，集中编目，及时送到档案室进行汇总和保存。管理工作责任制有利于将教学档案管理工作落到个人、责任到人，为教学档案归类工作提供了更好的制度保障。

（二）教学档案管理信息化程度低

随着社会现代化和网络信息化的普及，对教学管理工作要求越来越高。但目前大学的教学管理工作还处于手工归档、记录操作，很多资料由于都是一手资料电子化难度大，导致查询利用困难、效率不高。

第二章 高校档案建设

第一节 高校档案建设面临的问题

档案建设是高校发展过程中必须加强的一项工作。《国家中长期教育改革和发展规划纲要》对我国高校教育发展、高校档案建设提出了较高的要求。信息化，网络化已经成为高校档案建设的重点；教育教学档案建设的完善，也是高校档案建设的重中之重；从业人员和管理部门的整体素质，就成为高校档案建设的当务之急。本节作者就如何更好地开展高校档案建设，完善高校教学档案的管理，提高从业人员的素质，提出了自己的意见。

自以1989年10月发布的国家教委第6号令《普通高等学校档案管理办法》（简称原《管理办法》）为基础修订的《高等学校档案管理办法》（简称新《管理办法》）发布以来，高等学校档案建设在定义、适用范围等方面有了新的变化，对管理体制、制度建设和工作要求提出了更高的标准，为提升高等学校档案工作在高校管理中的地位，为高校档案工作的开展提供了制度保障。特别是对在教学管理和教学实践中形成的对学校有保存价值的文字、图表、声像等材料，其内容非常丰富的高校教学档案建设更是提出了明确的目标，突出了反映高校教学管理水平和教学质量的一个重要标志的教学档案建设，并且对高校教学档案的规范化管理提供了制度性的重要保障。但是，自高校扩招以来，我国大多数高校在规模上快速扩张，所带来的档案建设问题也遇到了新的挑战，出现了这样那样的一些问题，应该引起研究者的关注。

一、当前我国高校档案建设存在的问题

在《国家中长期教育改革和发展规划纲要》中，就我国当前教育存在的问题，有如下表述："我国教育还不完全适应国家经济社会发展和人民群众接受良好教育的要求，教育观念相对落后，内容方法比较陈旧……"这也正提出了目前高校的档案建设存在的问题。这些问题集中体现在以下几个方面：

（一）对档案管理的重要性认识不足

高校中某些领导对高校档案管理工作重视程度不够。这主要体现在机构设置，人员配置，经济投入，硬件建设等，都难以满足高校档案工作发展的要求。特别是近年来高校的

扩招，在国家投入增加有限的情况下，不少高校只把资源用在与办学直接相关的项目上，对档案管理建设不能按需足额投入，严重制约了高校档案建设。

（二）档案管理工作制度化建设需要进一步加强

部分高校档案管理制度不健全，相关管理人员不熟知《中华人民共和国档案法》和《高等学校档案管理办法》，于档案管理相关的法律法规了解得更少，不能严格按法规管理档案，规范化程度不高，致使相当一部分档案材料没有及时收集归档，不能发挥档案服务应有的作用。

（三）档案管理队伍人员亟待扩大

高校档案管理人员素质参差不齐，管理意识较薄弱，队伍结构亟待调整。档案管理队伍中，档案管理专业人才十分缺乏，来自学校其他专业的老师居多，兼职管理档案的人员也不在少数。他们缺乏档案管理的专业知识和应有的理论素养，对档案管理的重要性和严肃性认识不足，缺乏档案管理适应新形势变化的能力。

（四）教学档案建设管理问题更为突出，需要努力加强

教学档案管理中存在的问题是高校档案建设管理中最为集中的。如材料收集较困难。因部分教学人员对档案管理工作的认识不足，认为教学科研成果是自己在教学过程中取得的，应该由自己来管理，担心材料会遗失，或担心档案部门立卷归档后自己利用不方便。故对上交档案材料有抵触情绪，使得收集起来，有一定困难。再如，系一级的管理困难。由于系部无专门的档案管理人员，故材料的收集、整理、移交都是由教学秘书兼任，由于有些教师不配合，就会造成资料的不完整和档案材料的不延续性。加上有些系部认为系部的主要工作是教学，对档案材料认为无须按什么规则整理归档，导致教学档案整理、分类缺乏统一的执行标准，使得教学档案整理、分类缺乏系统性与关联性。第三是资金和人员的紧缺。系部收集到的材料并不能马上移交，想临时保存却没有一个像样的档案柜，造成档案材料收集整理后无处可放，造成档案材料的遗失。一般高校系部都无专职档案管理员，由教学人员兼任，而教学人员精力在教学上，又没有受过档案专业培训，不能把教学档案收集整理完整，造成教学档案整理分类缺乏系统性、准确性，使移交到档案馆的材料不规范，不能有效地发挥档案应有的作用。

二、高校档案管理建设的解决策略

随着高校的改革和不断发展，档案建设的作用越来越显得更加重要，档案管理的规范化、科学化、现代化、网络化已成为高校档案建设的重要内容。严格档案管理，健全档案质量保障体系，改进高校教学评估方式，做好学生成长记录，完善综合素质评价，应该是高校档案建设的具体目标。

（1）提高对教学档案管理重要性的认识。高校档案管理既是记录高校教育教学工作的

重要凭证，又是提高教育教学水平的重要途径。教学档案有助于规范教育教学秩序，有助于完善教育教学过程，同时，可以大大提高教师工作的积极性，对教学工作能够起到良好的监督作用。

（2）教学档案客观地记录了教师的教学工作，比较真实地记录教师每学期所任课程，记录学生学习的情况和学生学业成绩的评定，为学校教育教学评估提供翔实的资料，是高校档案建设的重要内容。

（3）强化教学档案建设，提高教学质量评估重要依据的信度。我们知道，高校教学质量评估需要考察学校的教学质量，而教学成绩集中体现在教学档案收集得是否齐全，教学档案管理的水平。因此，高校教学档案的建设管理是极其重要的。我们有必要先对高校教学档案的相关内容做一简单介绍。

综合内容，包括主要有上级教育主管部门下达的有关文件；学院规划实施计划、教学要点、教学工作会议的记录、简报等材料；学院制定的各种教学制度、规定、办法、条例以及教学工作的文件；教改项目的立项报告；以及教学工作的数据统计、分析资料。

教学管理内容，包括教师教学有关规程、教学工作检查、评估有关材料，教师教学任务安排及开课有关资料、教师教学情况调查表、教学质量检查、师资建设规划、实施情况，教师进修培训材料。学籍管理材料，学籍变更材料，课程安排表。

教学业务内容，主要包括课程建设规划、实施方案、总结等有关材料。教材建设、教师自编或主编教材及使用教材的目录；教师制作的CAI课件等资料；优秀教师讲课的典型教案、教学模型、标本，青年教师教学比武材料；教学实习有关材料。各种考试试卷及试卷分析材料；学生的毕业论文及评审意见；学生在校期间发表的论文和获奖有关资料。教师业务档案；教学仪器设备材料等。

教学研究内容，主要有各类教改项目及科研课题的立项申请书、实施计划、成果及总结以及获奖的申报材料和奖状。获院级以上的教学成果类的申报材料及奖状。教师发表的教学研究论文目录等。

以上所列内容，高校教学档案建设中要集中解决，为提高教学质量，增强考评的信度，提供真实的材料。为此，我们建议：要加强高校教学档案规范化管理，努力做好以下几方面工作。

从教学档案管理方面存在的问题出发，要提高档案工作规范化水平，努力解决管理不到位的问题，明确档案管理、存档部门职责，健全归档机制；彻底解决文件材料重复归档、不归档、漏归档问题；在科学划分档案类别的基础上明确档案的建档、存档和管理职责，加强对档案工作的指导；强化档案管理人员的业务培训，定期开展对档案管理人员的指导；定期开展对档案工作的督查，提高服务有效性，加强高校教学档案的信息化建设。

教学档案应当及时收集、及时整理、及时归档。教学档案管理要形成周期性的自查、自评、整改机制，为教学档案管理的运作提供机制保障，避免因仓促而不能及时、科学、有效地解决教学档案的建设管理问题。

完善教学档案制度建设。据《高等学校档案实体分类法》和高校的实际情况制定统一的档案管理制度，建立档案管理统一化、标准化的管理标准。

收集工作必须贯彻集中统一管理的原则。要遵循教学档案的自然形成规律，按归档范围分类收集，分类管理，提高科学管理的水平。要在归档教学文件材料时注意收集的完整性、准确性、真实性和系统性，以此进行预立卷，按时间顺序排列目录。

实现教学档案的信息化管理。随着信息技术的发展，高校教学档案建设应该实现信息化，利用现代办公技术实现教务档案的电子化、网络化管理，提高教学档案管理的效率。

三、突出高校档案管理规范性和流程性建设

前文我们阐述了教学档案建设中应该采取的方式，我们还知道，高校档案建设的规范性和流程性是整个高校档案建设的关键，因此要做到以下几点。

（一）高校档案建设要明确档案收集的范围和收集主体

健全高校档案管理制度，是做好档案管理（包括教学档案）的基础。面对高校教育教学工作中产生的各类档案材料，档案馆应该根据档案分类和用途，明确档案收集的范围和收集主体，提高档案管理的效果，为教育教学提供可资借鉴的参考。同时要注意制定档案收集、整理、归档、登记、保管、利用的制度流程，规范档案建设的行为过程，使之科学化，实用化。高校档案管理是由收集、整理、归档、登记、保管、利用等过程组成的，是一个有机体，缺一不可，有缺位就会给档案管理过程带来缺失。因此，要保持档案产生过程的连续性，就要建立完整的管理制度，使高校档案管理有章可循、有据可依，以统一格式，规范内容。

（二）提高高校档案现代化管理水平，增强档案服务的有效性

加强高校电子档案的建设管理。随着高校招生规模的扩大，电子文件归档与电子档案管理成为高校档案管理的重要任务。

因此，高校档案馆应该按照国家有关标准制定适合高校自身发展的电子文件归档制度，要集中统一管理。还要根据电子档案的特性，在保证其真实性、完整性、安全性的基础上，制订电子文件的接收、检验、保管、利用、鉴定和销毁制度，以加强监督和指导工作，完成电子文件归档与电子档案管理工作。同时，如前撰述，高校档案建设同样要加快信息化、网络化建设。笔者建议，高校档案信息网络的建设要制定网络建设的总体规划，使档案建设工程有计划、有步骤、有重点地科学实施。也要做好档案信息网络的标准化建设，以保证师生用户能高效、快捷、简易地获取档案数据，更好地为教育教学服务。

总之，要全面提高高等教育教学的质量，要提高人才培养的质量，我们就必须从思想上提高对高校档案管理重要性的认识，以《高等学校档案管理办法》为指针，从高校自身发展的特点出发，努力做好高校档案建设管理工作，使之更好地为高校的教育、教学、科研、行政、管理工作服务。

第二节　信息化背景下的高校档案建设

随着电子信息技术的发展，高校档案已由传统纸质管理向信息化、数字化管理模式转变。本节对传统档案管理三种模式，即集中式、分散式和集中分散结合式进行利弊分析，由此引申到信息化背景下的高校档案管理，并以青岛大学综合档案馆为研究对象进行实例分析。

一、传统高校档案管理模式分析

高校档案管理模式是高校管理档案的一系列流程，它包括档案的收集、建档、整理、宣传、利用等工作。健全的档案管理方式能够规范档案排布，方便档案查询和利用，促进档案事业良性发展。在管理过程中，高校通过结合本校条件和特点，设置健全的档案管理机构，制定标准化的工作制度并配备专业的档案工作人员，能使档案更好地在高校治理中发挥作用。传统模式是高校管理档案的重要途径，它以纸质档案媒介管理为核心，通过反映档案的历史原貌，促进档案的合理开发和利用。传统高校档案管理模式主要有三种，即集中管理模式、分散管理模式和集中分散结合管理模式。

（一）集中管理模式

集中管理模式是通过独立的高校档案管理机构对校内档案进行管理，在档案的建设、教学和科研项目实行权力集中的管理。高校通常会设置独立的档案管理机构负责全校的档案工作，它直属于学校而不依附任何部门，和一般科室同级。这种模式适用于规模较大、建校时间较长、参与管理程度高的学校。

集中管理模式的集约化程度高，在实际运营操作过程具有独立的优点和缺点。首先，集中管理模式可以提高效率，节约成本，采用集中管理模式的高校一般配有专职的管理人员和专门的档案管理场所，通过一系列程序化的流程增加工作的专业性，节省成本并避免资源的浪费，从而大幅提高档案管理过程中的效率；其次，集中管理模式也方便档案的开发和利用，通过对档案的集中管理使档案更好地发挥宣传和教育作用。但随着档案数量的逐年增加，集中化管理对高校硬件和软件的要求也相应提升，为了解决日益紧张的人、地资源稀缺的问题，高校只能投资建设更大的场馆、招聘新的人员，增加成本支出；同时，集中管理还存在着巨大的安全隐患，由于所有档案放在一起管理，很多档案资源涉及高校核心内容，一旦泄露对高校将带来不良影响；最后，集中管理模式不利于各部门对档案的开发和利用，由于档案管理部门对档案的统一保管，而其他院部在档案形成之初就要上交，所以其他院部在利用档案时就会面临一系列的申请程序，继而影响各部门利用档案宣传和学习的主动性。

(二)分散管理模式

分散管理模式是指由档案室掌控档案流程和目录，而其他部门和院系具体负责保存本部门的档案和材料，如党委办公室保存党委档案，教务处、学工处保存教师和学生档案。在此情况下档案室的级别较低，一般依附于党委办公室、校长办公室，作为下一科室存在。

该模式的优点在于减少资源的占用、方便档案管理。首先，采用分散管理模式的高校能够减轻档案管理部门的负担，其只要做好档案的分类和统计工作，而其他部门负责档案的具体管理，从而减少了资金投放，使档案保管更加灵活；同时，各科室在利用档案宣传时也更加简洁高效，单独一个部门处理即可，减少档案在相关部之间转移的风险。该模式的缺点是档案管理工作具有不专业性，缺少专门的档案工作人员指导，档案无法得到充分利用。其次，由于档案资源分布在各个部门导致档案的完整性遭到破坏，涉及多部门的档案由于受制于科室分布，不利于在全校推广和利用档案资源。最后，因档案的保管期限各有不同，档案室需要依据不同的标准进行定期检查，而分散式的管理模式则不利于档案的统一鉴定或者销毁。

(三)集中分散结合模式

集中分散的模式是指由档案管理机构对档案管理的流程进行整体把控，在实际操作过程中由档案形成部门负责具体档案的收集和整理，但其只能保存一定时间，超过一定时间后需将本部门的档案全部移交至校级档案管理机构。相比较分散管理模式，集中分散结合模式下档案管理部门的权限较大，多是与其他院部平级的机构，但人员设置上相较于集中管理模式要少。

集中分散模式的优点在于管理灵活，便于综合控制，同时方便对档案的利用，但是该模式对高校的管理能力要求高。因为管理权限不明确，很多档案的存放位置具有不确定性，这对校级档案管理机构的宏观调控能力有更高的要求；而档案实施保管时的过度分散又会对档案的完整性和安全性带来较大挑战，使校级档案管理工作的难度增大，所以这种模式一般是从分散模式到集中模式的过渡存在形式。

二、信息化背景下高校档案管理模式分析

高校档案信息化的管理模式是通过信息技术手段，将学校管理过程中形成的各类档案信息进行数字化处理，从而充分发挥电子数据的存储优势，突破空间的限制，实现高校档案和其他资源的有效融合。

信息化高校档案管理模式主要包括五个部分：网络基础层、信息数据层、应用系统层、信息服务层和虚拟大学层，每一层级呈现逐渐递进关系。网络基础层是信息化建设的基础，它为档案的信息化处理提供网络支持；信息数据层是高校档案信息化处理的核心内容，它相当于一个涵盖所有档案信息的大数据，所有纸质信息经过处理会变成电子信息存储于信息数据层，并为信息的传输和数据的交流做铺垫；应用系统层是大数据和外部交流的中介，

该层级包括OA系统（自动化办公系统）、数字图书馆、数字档案馆等各类管理系统，通过这类系统使包括档案信息的高校资源能够以数字化的形式呈现在高校管理者面前；信息服务层是高校的主要用户界面，主要是为校内的非管理人员使用，各类人群通过它查询校内资源，从而实现校内外资源的有效衔接；虚拟大学层是高校网络建设的顶层，它是一个将信息服务层和应用系统层融合的综合服务网络，一般通过学校官方平台的形式对外展示，既方便校内管理人员操作，也便于校外人员查询。

三、信息化背景下的青岛大学档案建设探究

信息化背景下档案建设是一项复杂的工作，但每个学校自身的条件和特点不同，适用的档案管理方式也千差万别。本节以青岛大学为例，探讨当前青岛大学电子档案建设需要加强的措施。

（一）构建合理的权限体系

从宏观上看，青岛大学档案馆对电子档案具有归档、查阅、检索、整理和利用、销毁档案的权限，但是文件收集、整理的过程是由其他院部具体负责的，而电子文档上交至档案室后其他院部对电子文档的后续事宜便没有任何规定，所以笔者建议构建院部和档案馆之间的合理的权限体系，从而形成完整的检索制度。具体而言，为提升电子档案文件的可靠性，文件生成机构在收集、整理完毕后必须在规定时间内提交至档案室并将电子档案录入档案信息库，此后对电子文件再无控制权限，从而防止文件存放两处造成信息不对等，特别是电子档案的可操作性非常强，稍微的格式修改就会对文件造成无法弥补的损害；对于普通用户而言，其只有查阅和按规定复制的权限，绝对不可以在文件上做任何电子标注，从而增加高校电子文件的权威性。

（二）设置电子文件收集整理标准

青岛大学由几所高校合并组建，在学校成立初期文件归档部门各自为政，"信息孤岛"现象层出不穷，后期虽颁布相关标准化文件，但是多针对传统纸质文件，缺少电子文件的归档材料标准。毕竟电子文档的载体形式不同于纸质载体，所以在文件的设置上应当单独处理，综合档案馆应编制电子档案的文件著录，并对电子文件系统进行著录的标准化设计。具体来说，综合档案馆首先应当颁布电子文件的标准化文件，制定电子文件著录项标准，明确电子文件的归档范围，规范电子文件存储格式，并在此基础上对电子文件系统进行著录标准的信息数据层设计，如设计归档文件的内容、收集时间、文件出处、主要责任人等相关材料，在院部操作过程中如出现材料不符合系统设计的归档著录标准，便无法将电子文件输入信息数据层，从而使各部门在文件的收集和整理过程中按照文件的标准进行，防止出现电子文件格式不统一、材料不齐的状况。

（三）加强电子档案安全性建设

因为电子文件的安全性比纸质档案脆弱，所以需加强电子文件的安全性能建设。首先要加强系统安全保障建设，针对保存场所要加强系统主机安全建设，使存储数据的机房能够符合服务器的运行要求；通过安装高性能的电源保证数据不会因为突然断电而消亡；购置性能好的软硬件材料使主机运行良好，防止因外部机器带来的问题。其次，学校需加强网络基础层的建设，通过设立最新的网络防火墙，使档案室专用网络与学校的普通校园网隔离，并配合相应的防毒软件使网络安全无忧。再次，针对信息数据层要建立完整的数据库管理和备份，以防校园系统崩溃时能够恢复原来的档案数据，数据服务器可采用磁盘阵列技术，保护电子文件的真实、完整、有效性，提高电子文件的可信度。最后，保证应用系统层的安全，通过建立可靠的入网访问控制，并对重要信息设置访问许可的方法，从而在保障服务功能时限制不同权限对系统的访问和查看，从而最大限度保证档案信息的安全。

（四）方便用户的网上查询工作

随着高校电子档案的普及，学校应当主动公开没有私密的文件，对于需要申请查看电子档案，学校也应当适时开通网上申请渠道，方便用户查询。笔者以一个校外人的身份登录青岛大学官网查询时发现，针对公开的项目，综合档案馆基本实现了信息公开。但是针对可申请公开的项目，档案馆虽有公开界面，却采取了网络屏蔽措施使外网用户无法登录界面查询信息，这就导致了必须登录青岛大学内网才能查询信息；而更多情况则是若需查询此类信息，必须是亲自前往青岛大学档案馆并出示身份证和相关介绍信后才能公开。笔者建议对有些信息的查询工作，可以在用户通过互联网上传身份证件并说明正式理由，由档案馆的后台工作人员审核之后进行办理，如符合相关规定则对申请者的申请进行处理，如不符合相关规定则需分情况：对于确实不符合公开条件的申请应向其说明理由，对于因证件不符合规定的应当五日内向其告知一次性补正，并开通用户热线，以提高办事效率，减少学校和查询者的负担。

第三节 文化自觉视角下的高校档案建设

高校档案具有浓厚的文化属性和深刻的文化意涵，在提高人才培养质量和推动校园文化建设方面发挥着重要作用。从文化自觉看，高校档案有助于厘清高校发展的文化静脉、形塑高校档案的文化品格及凝练高校档案的文化特征。提升档案人员文化素养和专业素质、开发档案文化资源、打造档案文化产品及创新档案管理文化是实现高校档案文化建设的有效路径。

高校档案是高校办学历程、文化传播、教书育人的历史记录，具有较深的文化属性。高校档案工作是高等学校重要的基础性工作。因此，加强高校档案建设工作具有重要意义。

一、文化自觉与高校档案建设的文化意蕴

党的十八大指出,我们一定要坚持社会主义先进文化前进方向,树立高度的文化自觉和文化自信,向着建设社会主义文化强国宏伟目标阔步向前。文化是民族的血脉,是人民的精神家园,高等学校在民族文化的传承与创新中发挥着重要作用,而高校档案建设也承载着深厚的文化意蕴。

(一)文化自觉的内涵

文化自觉是我国著名的人类学家费孝通先生晚年提出的文化理念,主要用来指:"生活在一定文化中的人对其文化有自知之明,明白它的来历、形成过程、所具有的特色和它发展的趋向,不带任何文化回归的意思,不是要复旧,同时也不主张全盘西化或全盘他化。自知之明是为了加强对文化转型的自主能力,取得决定适应新环境、新时代文化选择的自主地位。"文化自觉这一理念对高校档案建设工作具有重要的启示意义。新时期的高校档案建设要求档案人员树立强烈的文化自觉意识,改革档案管理模式,创新档案管理文化,充分发挥档案在学校工作中的基础性作用。高校档案文化自觉要求档案人员自觉意识到高校办学历史的来龙去脉、社会文化历史语境和人才培养的优势并积极、主动地投入到高校文化育人的全过程。

(二)高校档案的文化属性

高校档案真实记录了高校的办学历程,凝聚着一代又一代人的办学经验、知识和智慧,因此它是一种极其珍贵的高校文化遗产和文化资源。高校档案本身的形成、管理和利用也是一个文化过程,蕴含着高校特定的文化图式。高校档案的文化属性与高校的文化育人紧密联系,是高校人才培养的文化载体。高校档案的收集、编研在内容上是特定文化价值取向的表达,体现了本校师生的文化诉求。高校档案的制作材料、制作方式、书写方式、记录符号和文体风格是高校档案人员保存档案、传播文化、利用档案的文化选择,充分折射了高校档案的文化属性。随着信息技术的不断发展,档案文化的传播途径越来越多样化,高校档案的文化属性日益彰显。

(三)文化自觉与高校档案文化

高校档案承载了高校人才培养、科学研究、服务社会及文化传承功能中重要的文化元素,在高校师生的文化素养提升方面发挥着重要的作用。由于各方面因素的影响,在传统的高校档案建设工作中,档案文化属性没有充分体现出来,其文化育人功能也没有得到有效实施,社会大众没有意识到档案的文化价值,大多数时候,档案人员仅仅把档案当作一个文件存放的仓库,而非文化载体。此外,档案运用的主体大多局限于行政管理人员和学术研究者,档案自身的文化意蕴还没有被充分挖掘出来。因此,高校档案人员应当意识到,高校档案文化自觉是一种档案文化精神的体现,是档案文化意蕴、特定价值观在档案文化

实践中的集中体现。要实现高校档案的文化自觉，高校档案人员应自觉提高自身的文化素养，在档案收集、整理、编研过程中充分挖掘档案的文化属性。

二、高校档案的文化自觉表征

基于高校档案的文化属性，高校档案建设工作也具有自身的文化属性。在高校的文化传承与创新过程中，高校档案蕴含了理清高校文化发展的脉络、塑造了高校档案的文化品格、凝铸了高校的文化特色。要实现高校档案的文化自觉，高校档案人员应具有较高的文化素养，在档案收集、加工、编研过程中充分发挥主观能动性，挖掘出反映高校发展历程中档案的文化属性，进而开发出丰富的档案文化产品。

（一）理清高校文化发展的脉络

高校档案记录了高校的发展历程，折射出不同时期高校人才培养的社会文化静脉，为高校的改革和发展提供决策依据和文化引领，有助于形成高校的办学特色和学校文化，增强高校师生对学校的认同感和归属感。高校办学历史越长，其文化积淀就越深厚，培育出的优秀人才就越多，为本地经济、社会的发展贡献就越大。同理，高校档案在人才培养过程中充分记录、反映了高校办学历程中的社会文化静脉，为本地社会培养高素质的文化人才，进而推动本地经济社会发展。高校档案的文化自觉要求档案人员具有自觉的文化意识，对沉积的、大量的档案资料进行开发和利用，使这些档案资源发挥更大的文化价值和其他效用。

（二）形塑高校档案的文化品格

高校档案具有特定的文化品格。我国高校分布的地域辽阔，不同地区的高校在不同历史时期折射出来的文化既有共性，又有个性，反映了本地经济社会文化的发展状况。因此，高校档案人员在档案的收集、整理、编研中应充分挖掘高校档案的文化价值，将文化自觉意识深深地植入档案的文化实践中，科学地、有意识地做好档案材料尤其是档案文化资源的收集。对学校的重大活动、重要会议以及重要人物来访视察等，档案人员要及时跟进，确保高校档案文化资源收集的完整性和准确性。此外，高校档案人员要积极主动宣传档案文化，争取更多的支持和理解，主动与学校各部门取得联系，征集富含文化属性的档案资源，并通过校史馆、咨询活动、档案文化展等形式来展现高校的办学历史。

（三）凝铸高校的文化特色

高校档案文化具有鲜明的客体特征。作为高校档案文化客体来说，高校档案本身就是一种精神文化产品，记录了高校各项管理制度、教学科研、学生成长及师生活动等内容，反映了不同时期高校的文化建设与文化成果，也就是说，高校档案是凝固的文化客体。高校档案客体文化反映了高校办学的历史和办学历程，是高校办学的整体文化途径，是一种过去时，对当下及将来的档案文化建设具有一定的指导意义。其次，高校档案具有文化的主体特征，在高校档案文化的解释和传播过程中具有典型性。高校档案人员在档案建设工作中承担着档案文化的组织者、建构者等重要角色。可以说，高校档案人员作为档案编研的主体，在档案文化的收集、传播过程中要有创新精神，否则就难以完成社会需要的档案文化的创新。也就是说只有经过档案编研主体的创造性思维活动，对档案信息进行组织、鉴选、加工、整序的一系列的劳动之后，才能使档案信息由单一的个体转变为社会共享的精神文化财富，只有实现这一转变，档案文化生产才能在整个社会最终完成，档案信息中所具有的社会文化价值也才能得以实现。

三、文化自觉视野下的高校档案文化建设路径

文化的传承与创新贯穿高校的人才培养、服务社会和科学研究的全过程，要充分发挥高校档案建设在人才培养过程中的育人功能和文化陶冶功能。高校档案管理人员在档案文化建设中应充分发挥自身的主体性和创造性，不断提升自身的文化素养和专业水平，发掘档案文化资源，打造档案文化产品及创新档案文化，主动构建档案文化自觉路径。

（一）提升档案人员文化素养

高校档案工作是一项文化性的工作，高校档案工作的文化性主要由档案工作的管理对象——档案所决定和派生，高校档案室的档案是历史地累积起来的"文化记忆"。高校档案是高校办学历史和学校文化的见证，后人了解、研究、继承高校的文化传统，主要依靠高校档案。由此，作为高校档案管理主体的档案工作人员应当明白高校的办学历史、发展源流、特色文化等，并在档案工作实践中不断学习与档案文化有关的知识，提高自身的文化素养，从而实现档案人员的主体文化自觉和提升档案客体的文化品质。

（二）提高档案人员专业水平

作为档案管理者和研究者，高校档案工作人员在努力提升自己的文化素养的同时，还应加强与档案专业相关的专业知识学习，努力掌握新媒体等信息技术在高校档案文化建设中的运用。要实现高校档案主体与档案客体的文化自觉，档案人员应充分认识到档案管理的专业性、科学性与文化性同等重要。当前，高校档案人员要充分学习现代信息技术和网络技术，不断提高高校档案工作的专业性，发挥高校档案的文化储存和文化服务功能。

（三）努力发掘高校档案文化资源

高校档案记录了一些重大事件和重要人物，他们往往是推动高校文化建设的主体，是高校发展的重要文化资源，档案管理人员要有文化使者的眼光，要积极主动收集高校办学历程中的名人事迹，通过校史展、档案文化展览等方式向高校师生、社会群体呈现高校的文化资源。在提供高校档案文化储存、文化宣传与文化服务的同时，更好地向高校师生员工、社会群体展现高校在人才培养过程中所积累的文化经验与文化产品。总之，每一所高校在过去的办学历史中积累了大量的档案资源，记录了各个时期高校发展的轨迹，有很多

可圈可点的文化资源，高校档案人员应具有敏锐的文化眼光，不断发掘其中的文化内涵。

（四）打造高校档案文化产品

文化的育人价值主要是通过潜移默化的方式实现的，通常以"不为人知"的方式呈现出来，哺育着高校师生，蕴藏着丰富的精神养分。这种"不可见"的文化熏陶是不可忽视的，通过档案人员对档案的采集、整理、编研等工作，可将"无形的"力量转化成"有形的"、可被感知的文化产品，全方位地发挥其文化传承与创新功能，更有效地实现高校档案的文化自觉。文化通常需要通过可见的人造物品来表达，方能有效进行传递，"透过语言、言语、象征符号、身体动作、社会制度以及各种各样的人造物品，文化得以现身，否则文化就是空的"。因此，高校档案管理人员要从无声无形的档案中寻觅有声有形的档案文化产品，努力培育高校的文化特色，充分发挥档案的文化育人功能，进而塑造积极、健康、向上的校园文化。

（五）创新高校档案管理文化

传统的高校档案管理工作主要是被动的、静态的、孤立的，高校档案管理部门的工作与校内其他部门的合作与交流甚少，工作上被动接受、档案资源收集随意性较强，缺乏主动的探索和创新，档案人员往往处于收到什么保管什么，领导分配什么做什么的状况。随着社会发展和文化沟通与交流，各种网络技术快速发展，高校师生对档案的文化需求不断提升，档案管理文化资源不断丰富，档案建设工作应与时俱进，档案人员应从消极被动的文化"旁观者"转变为积极主动的文化"参与者"的角色，档案管理不再是档案部门的孤军奋战，而应该与学校各职能部门及各教学院主动沟通、互通有无、形成合力，努力塑造档案管理中的"合作文化"，进而提升档案管理的文化品质。

综上所述，文化自觉是高校档案工作重要使命，揭示高校档案建设工作的文化属性，实现高校档案建设的文化自觉是高校档案研究的一个重要内容，高校档案管理人员是高校档案文化自觉的先行者、实践者和研究者。

第四节　基于内涵发展的高校档案建设

《国家中长期教育改革和发展规划纲要（2010—2020年）》明确提出："树立以提高质量为核心的教育发展观，注重教育内涵发展，鼓励学校办出特色、办出水平，出名师，育英才。"2012年教育部印发的《关于全面提高高等教育质量的若干意见》又指出："坚持内涵式发展。牢固确立人才培养的中心地位，树立科学的高等教育发展观，坚持稳定规模、优化结构、强化特色、注重创新，走以质量提升为核心的内涵式发展道路。"中国的高等教育在经历了10多年的规模扩张之后，高校在校生规模已成为世界第一，中国仅用十几年的时间就完成了高等教育从精英到大众化的转型。但是，由于扩张速度过快，政府投入不足，高等教育带来了一系列问题：急功近利导致很多高校有大楼无大师、有校园无师资、有学生无文化，高等教育人才培养水平和教学质量严重下滑。在这种情况下，内涵发展就历史性地摆到了中国高等教育面前。

一、何谓高校内涵发展

内涵，是指概念所揭示的事物的本质特征，即事物的规定性。内涵发展，是指以事物的内部因素作为动力和资源的发展模式，内涵发展强调的是结构优化、质量提高、实力增强，是一种自然的历史发展过程，发展更多来自内在需求。高等教育内涵发展，是指在科学发展观指导下，高校注重学校理念的更新、文化的培育、精神的塑造、人才培养质量的提高、教师发展路径的设计等学校内在的发展方面，更加关注学生的成长，更加强调学校的特色，而不是一味去建大楼、扩规模、上专业、搞攀比、做尽面子文章。

高等教育内涵发展要求高校平心静气、戒除浮躁，转变教育理念，加强校园文化建设，凝练学校特色，强化内部管理，规范办学秩序，苦练内功，不断提高教育教学质量；高等教育内涵发展要求高校收心敛气，深入研究高等教育发展规律，深入洞察高等教育发展动态，深入了解经济社会发展变化，深入研判未来发展对人才的需求规格，深入调研高校人才培养状况，搞好顶层设计，扎实做好各项基础工作，全面推动教育教学改革，不断提高人才培养水平。

二、内涵发展与高校档案建设的关系

"高等学校档案是指高等学校从事招生、教学、科研、管理等活动直接形成的对学生、学校和社会有保存价值的各种文字、图表、声像等不同形式、载体的历史记录"。"高等学校档案工作是高等学校重要的基础性工作"，教育部和国家档案局对此有明确要求。

档案建设和高校内涵发展是一种什么关系？档案建设对于高校内涵发展有什么意义呢？首先，内涵发展涵盖档案建设。内涵发展是高校发展的一个总体战略，也是国家对高等教育的一个总体要求，高校内涵发展是注重高校教学科研质量、人才培养水平和校园文化建设水平等内在因素的提升。作为高校工作一个组成部分的档案建设，毋庸置疑是在内涵发展的总体战略下进行，而档案作为学校历史的真实记录和校园文化的重要载体，也是学校内涵发展的重要内容。档案建设主要包括两个方面，一是对招生、教学、科研、管理等活动形成的有价值的材料的收集；二是对所收集的各种材料进行整理、保护和利用。因此，高校档案建设对于高校内涵发展来说，一是把内涵发展进程中所形成的有价值的材料完整收集，丰富馆藏，增加积累；二是对已经形成的档案有效利用，即利用馆藏档案资料丰富校园文化内涵，为学校创特色、增内蕴、激活力、提质量等发挥作用。由此可见，档案建设在高校内涵发展中具有独特且不可替代的作用。

三、内涵发展视角下高校档案建设的思路

高校档案工作发展很不平衡，存在不少问题，档案建设也明显滞后于学校的整体发展。在高等教育全面转型，加强内涵发展的新形势下，档案建设如何适应内涵发展要求，更好地服务于学校的整体工作，值得我们深入探讨。

（一）转变观念，提高认识，强化各级领导和全体教师的档案意识

在有些高校的领导和老师眼里，档案是可有可无的东西。档案机构独立的，一般都属于边缘化部门，平时少人问津，基本投入难以保障。档案机构设在办公室的，一般都是一个人兼职做。而档案价值的历史性和档案作用的滞后性，也让更关注眼前事务、既得效益的领导和院所无暇也无心顾及。另外，很多高校由于新校区建设负债沉重，资金紧张，正常的教学、科研经费都捉襟见肘，对档案建设的投入就更加忽视了。然而，在内涵发展的背景下，档案作为支撑校园文化的重要载体，文化积淀的重要体现，是学校内涵发展不可或缺的重要方面。因此，改变档案可有可无的传统观念，提高对档案重要性的认识，把档案建设列入学校发展的重要议事日程，营造人人重视档案、自觉保存档案、积极利用档案的良好氛围，是学校全体教师必须转变的治学理念。

（二）加强档案员队伍建设

目前，高校档案管理人员素质参差不齐、专业水平高低不平的状况极为普遍，而一支政治素质高、责任心强和业务能力强的专兼职档案员队伍恰恰是档案建设水平、管理水平和服务水平提高的重要保证。所以，应按照《高等学校档案管理办法》的要求，结合各高校的实际情况，设立档案馆或综合档案室，配备责任心强、业务能力强的干部，充实学校的专兼职档案人员队伍，并明确各岗位的工作职责和具体细则；要完善规章制度，建立工作标准，形成制度约束，使档案工作有章可依、有法可循；要建立必要的奖惩机制，赏罚分明，激励先进，鞭策后进，建立起团结奋进、专业高效的档案人员队伍。

（三）要重视教学档案材料的收集、整理和归档工作

内涵发展重点是提高教育教学质量和人才培养水平。胡锦涛同志在十八大报告中明确提出"深化教育领域综合改革，着力提高教育质量，培养学生社会责任感、创新精神、实践能力。推动高等教育内涵式发展"。围绕内涵发展，各高校加大了学科建设力度，在教学方面深化改革，不断探索新的教学模式，形成了一批教学成果。对于这些学科建设和教学改革的政策、文件，调研和征求意见的过程，出台的相关标准和规章制度、典型做法、具体案例、形成的经验、存在的问题以及对改革效果的检测和分析、学生的感受和反应、教师的体会经验等，都应该及时收集归档。这些材料不仅会丰富档案馆藏，留下宝贵的精神遗产，而且对相关材料进行研究形成的理论性成果也会指导学校的改革和实践，促进教学质量和人才培养水平提高，推动内涵发展。

（四）强化档案编研，注重档案利用

档案的价值在于利用，在高校内涵发展的背景下，应充分发掘档案所蕴含的价值，丰富学校的文化内涵，彰显高校的文化形象，激发高校内涵发展的精神动力。这就要求学校，一要加强档案编研，发挥档案文化载体的作用。高校具有"人才培养、科学研究、社会服务、文化传承创新"四大功能，高校档案是这四大功能实践过程的忠实记录。通过档案编研，可以让师生了解学校发展的历史，增强对学校的认同感，激发参与内涵发展的动力，增强学校的凝聚力。二要加大投入力度，加快数字化档案建设步伐，编制档案目录，开发档案检索工具，建设快捷有效的档案检索系统，提高档案的利用效率，充分发挥档案在内涵发展中的借鉴作用。

总之，加强高校档案建设是内涵发展的题中应有之义，在内涵发展的背景下，档案在全面建设的前提下应有所侧重，做到全面建设和重点建设相结合，发挥好档案建设推动内涵发展的积极作用。

第五节　基于文化自觉的高校档案建设

文化自觉背景下档案文化建设活动必然会发生一定的变化，所以从文化自觉视角，对新时期档案文化建设进行分析，能够探索档案文化建设的转变，顺应社会主义文化发展的基本形势，带动档案文化建设的优化发展。本节从文化自觉视野入手，对高校档案文化建设现状和措施加以分析，希望可以发挥高校档案文化建设的作用，全面推进高校的建设和发展。

当今社会文化发展过程中逐渐呈现出与政治、经济、社会进行交汇融合的状态，文化在综合国力方面的地位和作用愈加明显，文化建设也受到高度重视。新时期，习近平总书记提出只有高度的文化自信，才能实现文化的繁荣，促进中华民族的伟大复兴。因此应该高度重视文化自觉在建设中华文化方面的重要性，争取激发全民族文化创新创造活力，建设社会主义强国。高校档案文化是国家文化的重要组成部分，高校档案文化的时代发展要求文化自觉，只有在建设档案文化的过程中形成对文化的准确定位和正确的认识，才能够把握档案文化建设的未来走向，促进高校档案文化建设的现代化发展，为高校综合管理工作提供相应的档案资源保障。

一、档案文化建设方面的文化自觉必然趋势

文化自觉主要是在对自己的文化形成深刻认识和理解，并接触多种文化的基础上，形成在多种文化世界中对自身发展位置的定位，进而经过自主的适应与其他文化进行交汇融合、取长补短，最终构建能够形成共同认可、多种文化协同发展的共处性文化建设和发展

原则。文化自觉是在文化领域中形成的觉醒，一般涉及对相关文化在历史建设方面的正确定位、文化发展的基本规律以及文化建设方面的责任担当等，其作为一种特殊的内在精神力量，表现出对文明进步的不懈追求，在全面推动文化事业繁荣发展方面发挥着至关重要的作用。历史实践活动明确显示出，一个民族的觉醒首先开始于文化的觉醒，一个国家的强大也与文化自觉存在紧密的关系，所以只有保持高度的文化自觉，才能实现文化的发展和振兴。档案文化对档案事业的发展产生着至关重要的影响，档案文化的繁荣对我国社会文化的大繁荣发挥着关键性的促进作用。因此在践行中国梦、促进中华民族文化复兴的过程中，高校档案管理人员应该认识到文化自觉和文化建设的重要性，大力推进高校档案文化建设，并且在建设方面表现出对文化自觉的迫切需求，只有在高校档案文化定位、文化发展规律和建设责任方面形成高度的文化自觉，高校档案文化建设才能始终保持正确的发展方向和发展效果，发挥档案资源的辅助作用，助推我国高校现代化建设和发展进程。

二、文化自觉背景下高校档案文化建设现状

文化自觉对高校档案文化建设提出了更高的要求，也促使高校档案文化建设方面的问题逐渐暴露出来，对高校档案资源的利用和档案资源的开发产生不良影响，也不利于高校现代化建设的不断推进。对文化自觉背景下高校档案文化建设出现的问题进行系统的分析，发现主要体现在以下方面：档案资金来源相对单一，厚重感严重不足；高校档案管理部门缺乏建设档案的自觉意识，特别是文化自觉严重不足，档案管理人员难以结合新时期的发展情况对档案管理文化进行有效的创新，导致高校档案文化的传承和发展遇到了一定的阻碍；高校档案文化宣传意识不足，档案文化建设深度不够，对高校档案文化的持续稳定发展产生消极影响。因此文化自觉背景下应该进一步加强对档案文化建设活动的重视，并积极探索相应的档案文化建设措施，保证高校档案文化建设工作取得理想的成效。

三、文化自觉视角下高校档案文化建设和发展

在文化自觉视野下，高校档案文化要想实现繁荣发展，高校档案管理部门就应该探索自我反省和自我创建，结合新形势逐步促进高校档案文化建设方式的转变和创新，提高文化自觉实际效果。高校档案文化作为档案文化建设方面的重要构成元素，对档案文化建设进行分析，可以将高校档案文化建设和改革作为研究重点，促进高校档案文化的创新发展，为高校综合建设和管理活动提供良好的支持。

（一）意识层面从文化自在转变为文化自觉

文化自在主要指传统文化发展过程中受到意识、经验和常识等自在因素影响形成的自在文化存在方式和活动方式，而当文化发展到自觉层面，自觉的知识和思维逐渐会影响人的存在方式和活动方式，促进文化自觉的形成。自在文化和自觉文化之间存在着文化的选择、判断以及文化的继承和创新等复杂关系，是一种自发性的文化演进。档案文化是文

体系的重要组成部分，在发展过程中也必然遵循文化演进的基本规律。一般情况下人们认识的感性档案文化属于自在文化的范畴，而随着传统档案文化的发展，档案文化受到多种因素的影响，逐步突破自在文化的限制，走向繁荣，在自在的基础上生成自觉档案文化，在档案文化的实际发展过程中从文化理想、社会典范等角度对人们的档案意识和方式等进行有意识的、自觉的引导，档案文化由此表现出一种特殊的超思维意识状态，是一种具有超越性和引领性的文化形式。在档案文化从自在文化向着自觉文化的发展过程中，高校档案管理人员应该对高校档案管理工作形成正确的认识，并明确档案文化在历史发展方面的重要地位和未来文化建设方面的责任，进而从战略高度推动高校档案文化建设，有计划、有步骤地全面推动高校档案文化的建设和发展，争取进一步提高高校档案文化资源的利用率，借助高校档案文化的影响和熏陶促进档案管理和服务水平的稳步提高，为高校师生提供相应的服务，逐步提高高校教育教学效果和学生管理效果，为高校人才培养工作的优化发展提供良好的支持。

（二）战略规划层面从单项工作向全局战略转变

文化的主要特征之一就是表现出较强的渗透性和持久性，能够通过一种意识形态的状态对有形的客观社会存在产生相应的影响，并且深刻作用于社会发展和人的生产生活实践探索方面，促使人们的生活状态发生一定的变化。在文化自觉的视野下，高校档案文化建设发生了相应的变化，其不再仅仅是一项具体的工作任务，而是转变为档案事业发展过程中的重要方面，并且随着档案资源利用的愈加广泛，师生群体对档案工作以及档案部门的责任等形成了全面的认识，对高校档案文化建设提出了更高的要求。在对高校档案文化的发展规划方面，档案文化自觉存在多维价值和意义，在推动高校档案事业发展方面发挥着至关重要的作用，因此在促进高校档案文化自觉方面，应该形成战略思维，从高校档案管理和档案文化建设的单项工作向高校综合管理和人才培养全局工作战略转变，结合高校实际情况和对档案资源的应用需求对档案文化结构进行深度剖析，进而从高校战略发展的全局角度实现对资源的优化配置，把握高校档案文化与学校校园文化和人才培养文化之间的互动关系，制定长远性的档案文化建设和应用发展规划，争取保证高校档案文化建设作用的全面发挥。

档案文化是一种能够集中反映档案特质的特殊文化，在长时间的发展过程中，我国逐步形成了相对完善并且成熟的档案文化体系，对档案文化的时代发展产生了重要的影响。但是高校传统档案文化建设的自在自发建设状态表现出明显的局限性，因此应该从文化自觉的视角对高校档案文化建设进行改革创新，切实突出档案文化建设实际效果，稳步推动高校档案文化的改造和升级。

第六节　大数据时代高校档案建设转型

网络技术的发展使世界进入大数据驱动时代，大数据四大特点更契合数字档案馆发展的最高目标。档案工作者要在大数据的思维下利用新技术对海量信息进行数据存储、数据分析与价值挖掘。作为文化、科技发展重要基地的高校更应深入变革档案管理模式，进行传统档案管理模式到大数据理念下的网络信息档案建设转型研究。

维克托·迈尔·舍恩伯格前瞻性地指出大数据带来的信息风暴正在变革我们的生活、工作和思维。大数据开启了一次重大的时代转型。如今这个概念应用到了人类致力于发展的所有领域，商业、资本市场、气象、情报、医疗保健等。未来，数据会成为一种商业形态甚至数据产品。大数据具有：数据量大（Volume），PB级甚至ZB级；数据类型多（Variety），网络日志、音频、视频、图片等结构化和非结构化数据并存，数据类型层出不穷；增长速度快（Velocity），数据采集、处理效率高；价值稀疏性（Value）；准确（Veracity）和复杂性（Complexity）等特点。大数据的核心就是对海量数据进行分析，获得巨大价值，服务或深刻洞见。大量网络数据信息资源存储成为数据分析的重要基础。

网络信息资源存储始于1996年互联网档案馆（The Internet Archive）。它定期收录并永久保存全球网站上可以抓取的信息，对不同网站收录的网页数量和收集周期也不相同。它保存文字、图像、音频、视频等呈现在各阶段网站的原始面貌，成为查找历史文件、研究网站变迁的宝贵资源和工具。对不同时期的网络信息资料进行研究，是互联网档案馆最大的价值所在，很多国家在这方面进行了研究和实践，如英国CEDARS、澳大利亚PANDORA、挪威PARADIGMA、丹麦NETARCHIVE、日本WARP等项目和我国国家图书馆WICP项目。

网络信息采集和存储更契合大数据时代的档案管理工作。高校是重要的教育科研信息基地，大数据时代相关教育决策会由"领导经验决策"向"大数据分析决策"转变，许多教育内容与方式的转变无法想象。大数据的特点，思维、信息技术处理优势，包括海量信息采集存储，数据分析，价值挖掘将是高校数字档案管理特点和建设目标。研究大数据时代高校网络信息档案建设转型成为我们面临的重要问题。

一、大数据时代高校档案管理的现状

（一）高校海量网络信息存档缺失

截至2013年6月，我国共有2198所高校（不含独立学院）。高校在管理、教育教学、科研、学术会议、社团活动、校园论坛、人才培养、服务社会等方面产生了大量网络电子信息，并营造了良好的校园网络文化氛围。尤其IM（即时通讯）、SNS（社会性网络服务）、

VC（视频移动）等工具移动到手机后，移动学习挑战传统学习。许多高校（如上海交大、厦门大学、清华、北大、浙大）和研究机构已构建移动资源站点，推出网络精品学习课程、测试、点评、包括视频、文字和音频。但网页寿命短，高校网络信息及营造的校园文化等很快消失。近年来高校部门或机构多合并或撤销，管理中形成或发布的电子信息大都消失。学校及师生个性的网络数据信息未保存。国内外网站发布的与本校及师生有关的各种网络信息未采集归档保存。在数字校园建设中高校档案馆仍被边缘化，真正的高校网络信息档案建设系统平台未建立，高校海量网络信息存档缺失是网络时代高校巨大的"历史失落"。

（二）高校档案数字化建设处于初级阶段

浏览我国多所高校档案馆网站发现，网站网页内容更新慢，上传和在线内容少是普遍现象，专栏内容丰富的约占十分之一。实地调研发现高校档案管理系统和管理模式落后，后数字化是目前高校档案馆数字化工作的主要模式，即对大量纸质档案扫描，把照片、电子光盘等传统载体档案上传到档案管理系统库，再对电子资源信息进行管理利用。系统库以档案分类目录为主，电子档案快速检索和打印大都未实现。高校网络档案管理系统无法统筹兼顾。各部门系统数据条块分割，包括行政办公、各层次学籍管理、教育科研项目管理、后勤管理等系统无法与档案馆管理系统接口对接，部门系统数据档案无法归档利用，归档的纸质档案还要后数字化，造成资源的极大浪费。有部分上传的图片和视频档案（除保密外）能在线网络化利用的几乎没有，档案资源利用仍采用传统目录检索与手工查档，量大，效率低。高校数字化档案建设处于初级阶段。

档案后数字信息化与网络信息档案化建设都是数字档案建设的重要内容，也是现代大学文化建设与传承的重要平台。高校档案部门须提高对两者关系的认识，统筹兼顾。大数据时代，网络成为产生档案的重要源地，网络信息档案建设将是未来档案管理的主要模式。高校数字化档案馆建设的重点应转移到网络信息档案建设上来，这符合我国社会发展转型的大趋势。

二、大数据时代高校网络信息档案建设的特性

（一）高校网络信息档案建设的系统性

高校档案资源非孤立、分散、均质的，而是全面、关联、特色的。利用大数据处理技术，突破传统档案工作范畴，体现高校网络信息档案建设的大数据、大档案，大资源的系统理念。我们在对网络信息档案收集的质量、价值、权益、隐私、安全等充分认识下，使高校资源成为集文化、教育、服务、休闲于一体的信息体。一是强调高校档案的系统性。统筹建立覆盖全校的档案网络管理大系统，真正实现档案前端控制。学校各系统数据库与档案馆系统建立归档接口，打破目前部门系统数据无法归档的局面，有效整合高校档案馆已形成的条目、全文、图片、多媒体等数据库。二是强调高校数据归档的真实完整性，网络信息档案收集涵盖面广，包括学校管理、政策制度、基础建设、设备管理、人才引进与发展、

科研、教学、教育方法、专业课程设置、校园文化，尤其是学生个性化信息，如学生成绩、心理反应、能力特长、获奖、成果、就业偏好、创业意向等，存档凸显全面、个性、精细、价值化。三是注重数据相关性。网络信息档案管理不必固守纸质档案归类法，根据需要实现相关性分类。档案利用提供在线档案目录及站内搜索引擎，信息资料能定位检索、在线阅读、打印。四是强调大数据的价值性，在高校系统网络空间开展大学历史文化珍贵档案在线展览。收集优秀教师的多媒体网络教学课程，建立数字教学档案教室，为社会各类受教育者提供价值资源。进行各类档案信息专题研究，形成大学文化产品或成果向社会传播。五是强调数据的共享性。受高校管理体制影响，高校档案管理工作条块分割，自成系统。高校档案应与学校图书、情报、编研文化机构等资源共建共享。高校之间，高校和社会之间实现档案信息网络共享。

（二）高校网络信息档案管理的智慧性

大学校园网是学校管理、学生学习的平台，网站包括学校概况、新闻、院部、师资、教育教学、科研、招生、交流、服务、校园文化等内容，且时时变化。随着高校研究与社会服务功能增强，互联网有关高校的信息越来越多，云计算技术使海量结构化和非结构化数据处理成为可能，档案馆应建立"网络信息档案建设大系统平台"。它是档案馆室在互联网上建立的站点，站点连接社会和高校各部门网站。系统平台智能高效，容量超大。网络信息归档不受前归档模式和时间限制，按照一定条件分类或不分。

作为档案信息流来管理，设定权限，满足需求者登录获取信息的需求。建设平台包括三板块：①数据信息归档。系统自动选择甄别信息并实时采集信息归档保存，重要内容随同网页状态一起保存。②智慧档案管理。对入网档案信息进行筛选并编目，形成逻辑上的目录库，按类型或发布机构等对目录重组，分层定位，实现输入关键词在线目录检索和内容查找，供授权用户使用。档案目录形成后系统默认为不可更改。③智慧档案利用。档案工作者从海量数据中发现价值信息，在法律许可范围内建数据模型，根据用户需求与预约，进行数据整合分析和价值挖掘。三大板块体现了档案链式的管理模式，即"数据信息归档—智慧档案管理—价值资源服务"。

（三）高校网络信息档案建设的规范性

网络数据存储在大量几何分布的各类服务器中，档案馆建立网络信息档案系统，全部或选择对网站、网页上的信息进行捕获、收集、管理成为挑战。高校网络信息档案系统对局域网或因特网上发布的电子信息全部或选择性进行收集、抓取、收录、归档。包括文字、图像、音频，视频等呈现在网站各阶段、时点的原始面貌，并按条件分类或不分进行存储。存档内容要真实再现社会活动的本来面貌，符合归档"原始性"；归档时间根据网络信息存档价值分为永久和长期。由于信息量大，以"价值性"为原则进行甄别、集成。与历史数据相比，相关重大事项全面存档；据信息来源机构管理职能进行"分层定位"原则，便于辨别网络信息档案属源；对网络档案信息发布内容的法律和凭证问题进行研究，体现"依法归档用档"原则。如采集权、保存权、版权、知识产权、隐私权，使用权，开放权限等相关法律问题；对假信息，假数据进行过滤剔除，体现"真实性"原则。

可根据信息重要性、类型、发布部门级别、内容进行分类。网络信息档案分为公开，保密；永久，长期；局域网，因特网；注册式，交流式。许多档案信息是在网上交互过程中获取，如高校相关主题讨论的网络论坛信息，通过网络咨询、电子邮件、个人微博，博客，校友群等网络聊天方式获得的档案信息，其特点是没有固定结果，需动态沟通；根据文件存储格式分为文本、图像、动画、音频、视频文件等。分类从不同角度揭示了档案信息内容，有助于网络信息全面归档和快速查找。

（四）高校网络信息档案的合作性

形式多样，结构各异的数据来自不同网站、网页，如注册、密码保护、交互网站等，这增加了数据采集、编索与整合的困难，数据采集技术与传输工具流程需进行创新设计，制定相关保存技术规范；其次是数据挖掘、计算须协调多参数。大数据挖掘算法很复杂，需实时操控超量和耗时的计算任务。在数据呈现方面，可视化或组合自动计算和高级智能获得更自觉的洞察力。仅凭目前高校档案馆的人才和技术是无法完成的，学习借鉴国内外图书、情报、商业机构等的网络信息采集、管理技术，规范标准并和他们开展技术合作是很好的途径，但要突出档案管理特性。

（五）高校网络信息档案建设的流动性

高校档案智慧集成工作理念彻底颠覆传统纸质档案和后数字化档案在档案管理工作中存在的诸多弊端，将高校档案管理事业推向新的发展高度。网络信息档案建设使大学档案和文化传递与交流消除了时间、空间和地理位置限制，扩大了档案的社会利用空间。大学与社会互动关系越密切，档案凝聚的大学文化影响力愈强。档案馆不仅具有档案管理，学术支撑职能，还具有文化研究和传播职能，目前很多高校只做档案基础管理工作，忽视档案文化研究和传播。大学网络信息档案文化研究更是空白，这造成大学文化的重大缺失。高校档案馆不仅要重视传统档案管理，数字化、网络化建设，更要利用大学独特资源和整合研究优势，进行大学网络信息档案文化研究，增强大数据时代"大学文化"传播力和影响力，促进高校文化的世界交流和大学文化资源的社会共享，实现高校档案管理质的飞跃。

（六）高校网络信息档案建设的安全性

网络档案信息异于传统档案保存载体，其脆弱，变化快，不易备份，易丢失。如设备故障、误操作、非法入侵等都可导致档案资源丢失或更改。将网络信息新技术及时应用到维护网络信息档案资源安全技术中，如建立防火墙、加密、异地备份、网络控制技术、设置访问权限及其他防御和控制技术来保护网络信息档案资源安全。对操作系统、服务器、数据库等进行定期更新、升级、杀毒，以防系统漏洞，病毒侵入，黑客恶意攻击、篡改、删除。由于档案管理设备技术不断升级，为保障信息数据的可持续性，数据存储和利用需特别加注解以便后人解读。制定"高校网络信息档案安全规范"，对涉及国家机密的网络信息档案资源不进行网上传输。遵守我国保密法前提下最大化开放档案信息。既开放信息档案网络服务，又防止侵犯个体隐私；既提倡数据共享，又防止数据滥用。

三、大数据时代高校档案转型的思考

总之，大数据时代对高校档案转型提出新要求，特别是高校档案建设的系统性、智慧性、规范性、合作性、流动性和安全性等。这对我们变革传统档案管理模式，创新档案理论具有重要指导性。大数据时代高校档案建设应紧跟时代，更新理念，学习借鉴，合作规范，建立"高校网络信息档案建设平台"，重视网络信息集成与智慧管理。运用关系思维法，对重要档案信息潜在价值进行数据挖掘研究分析，服务。运用大数据思维法，全面整合档案资源，树立档案社会综合价值理念，"大档案"和"档案链"的管理理念，改造传统高校档案的封闭性和静态性，深入挖掘高校档案的社会文化价值，将档案建设与社会利用有机结合起来，实现档案的社会共享性。在重视"时间"或"历史"的档案维度上，将"空间"维度引入档案研究，包括计算机网络虚拟空间和社会空间形成的档案，树立档案管理的统筹、合作、流动性新理念，树立历史、空间、社会三元辩证法研究档案新理念。

第七节　立德树人与高校档案建设

党的十八大提出"把立德树人作为教育的根本任务"，文章探讨了立德树人的内涵，深入剖析了高校档案在立德树人中的重要作用，从注重顶层设计，加强档案编研，总结育人经验，发挥高校档案馆（室）教育基地作用，加强档案文化建设和数字化建设等五个方面，重点阐述了高校档案加强建设，全方位服务于立德树人的途径。

党的十八大报告明确提出"把立德树人作为教育的根本任务，培养德智体美全面发展的社会主义建设者和接班人"。这是新时期、新形势下党对教育的一种重新认识，是对教育的正本清源，理清了此前对教育的所有错误认识和模糊认识，是教育的回归。高校档案如何围绕立德树人的根本任务加强建设，值得我们深入思考。

一、"立德树人"的涵义

立德，立：树立；德：德业；立德即树立德业。出自《左传·襄公二十四年》："太上有立德,其次有立功,其次有立言,虽久不废,此之谓不朽。"孔颖达疏："立德,谓创制垂法,博施济众,圣德立于上代,惠泽被于无穷。"树人是培养人才的意思，出自《管子·权修》："一年之计,莫如树谷；十年之计,莫如树木；终身之计,莫如树人。"比喻培养人才是长久之计，也表示培养人才很不容易。立德树人即树立德业，培养人才。

在我国经济快速发展，物质财富极大丰富，文化水平不断提高的形势下，中央在党代

会的报告中明确教育的根本任务是立德树人,是有其深刻含义的,既是对中国教育某些错误认识和做法的一次修正,也是对思想、文化日益多元的情况下人才培养标准的重要宣示。十八大提出的"立德树人"比十七大的"育人为本、德育为先"内涵更加丰富,"立德"是对教育者和受教育者的共同要求。教育,特别是高等教育的主要任务是"树人",是培养人才,其他职能必须服从、服务于"树人"这一主要职能、根本任务,而不能舍本逐末。"树人"的前提和标准是"立德",也就是说,我们培养的人才要有坚定的理想信念、崇高的爱国情怀、高尚的道德情操、强烈的公民意识和先进的价值引领,应该说这是"立德"的内涵,也可以说社会主义核心价值观是"德"的基本标准,我们要立社会主义核心价值之德。"立德"是树人的统一标准和要求,而人才的其他标准是多元的,因层次、学科专业的不同而有不同的标准,但德的标准是不变的。只有把"立德"和"树人"有机统一,完美结合,我们才能培养出社会主义的合格接班人和建设者。

二、高校档案在立德树人中的作用

(一)高校档案完整保存立德树人的有关材料,为立德树人的长期和可持续进行奠定坚实基础

把立德树人作为教育的根本任务是对教育规律的深刻认识,是对教育目的的准确把握,不是一朝一夕之事,应该是教育长期坚持的一项原则。在坚持把立德树人作为教育根本任务的进程中,各高校会出台相关的政策措施,长期规划和短期计划,会形成典型案例、成功经验,作为立德树人主体的师生,特别是学生,受教育期间所形成的完整的档案,这些都需要保存,在立德树人的根本任务下,高校档案会有大量的工作可做,会形成大量的档案材料,馆藏会极大丰富。完整保存立德树人的相关材料既是档案馆(室)的职责所在,也会对各高校探索立德树人的规律,提高立德树人的质量,完成立德树人的使命具有重要意义。

(二)高校档案为立德树人提供文化支撑

立德树人作为教育的根本任务,具体到各个高校,就应该成为高校的中心工作,学校其他工作必须服从和服务于立德树人这一中心任务。不仅如此,学校应调动和激活一切要素,全方位地开展立德树人工作。除了作为主渠道的课堂教学,即教书育人,党团系统的思想政治教育工作,另外还有管理育人、服务育人,都要把立德树人作为目标和任务。作为高等学校,立德树人的重要方面是文化育人,高校是知识分子聚集的地方,是创造知识和传播文化的地方,高校是社会文化的高地,文化的传承与创新也是高校的重要职能之一,况且很多高校建校历史悠久,文化积淀丰厚,本身就是育人的重要资源,而档案是高校文化积淀的重要载体,是校园文化建设的重要支撑,是文化育人的重要财富。

（三）高校档案馆（室）为立德树人提供教育基地

真实的历史，身边的典型最能打动人、感染人、教育人，档案是一所高校发展的历史见证，保存了一所学校自建校以来师生员工履行职能、凝心聚力、攻坚克难、开拓进取、不断发展的真实材料，保存了在学校发展中留下的令人感动的人物和事件，保存了历代校友成功成才的先进事迹，保存了一些优秀毕业生为报效祖国刻苦学习、不懈拼搏的感人故事，积淀了一所学校奋发向上的先进文化，这些都是对学生进行教育的重要材料。把这些材料进行编纂，编写校史或优秀校友事迹，建立校史馆或组织档案展览，成为对学生进行教育的重要基地，将在立德树人的根本任务中发挥育人的重要作用。

三、立德树人根本任务下的高校档案建设

围绕立德树人的根本任务，加强高校档案建设，这是一个现实而紧迫的问题，对教育事业的发展和档案事业的发展都具有现实和长远的意义。我们应着眼以下几个方面加强高校档案建设。

（一）搞好顶层设计，围绕立德树人统筹规划高校档案建设

教育的主要目的是培养人才，是立德树人。高校档案建设要服务于这一主要目标，围绕这一主要目标开展工作。学校应成立由领导牵头的档案建设领导机构，做出档案建设的中长期规划，确立发展目标，制定档案建设的政策措施，建立畅通高效的协调机制，明确档案资料的收集范围。除了学校层面的政策措施外，二级院系在立德树人方面采取的具体措施，典型做法，教师和管理人员在学生培养中创造的有推广价值的教育培养方法，都应列入档案资料的收集范围。学生作为学校教育的主体，是立德树人情况的真实体现，要加大对学生档案资料的收集，除了学生在校期间的学习情况、日常表现和奖惩情况以外，学生参加社团和社会公益活动情况，进行社会实践和参加社会调查情况，志愿服务情况，在学习过程中创作和发表的作品、论文、发明创造，都应列入档案的收集范围。另外对一些优秀毕业生走向社会之后的情况应跟踪关注，有价值的材料也应予以收集。只有把教学和学生的档案资料完整收集，形成丰富的资料库，才会为研究立德树人的规律奠定有价值的资料基础。

（二）加强高校档案的整理、编研，为立德树人的持续进行提供理论支持

"把立德树人作为教育的根本任务"一句简单的表述，其实蕴藏着丰富的内涵，是对教育，特别是高等教育的全面要求，要把中央的要求落到实处，高校应下大力气长期坚持，要进行艰苦的探索，深入的研究，积极的实践，要在实践中形成经验，凝炼理念，提炼理论。各个高校在立德树人实践过程中所形成的大量材料作为档案保存了下来，这为总结经验，提炼理论提供了很好的素材，学校应组织专门力量，加大对档案材料的整理和编研，从中提取立德树人的成功经验，以便加强对立德树人工作的指导，提高立德树人的水平，为国

家和社会培养更多具有坚定政治信念，远大理想，高尚情操、较高专业水平和较强专业能力的优秀人才。

（三）加强高校档案教育基地建设

高校档案记录着一个学校的发展历史，凝聚着学校的办学理念和精神追求，彰显着学校的文化气质，是对学生进行教育的优质资源。学校应充分重视档案建设，给予必要的财力、物力和人力支持，条件允许的应设立档案馆，加强对档案的整理和保护，不定期地开展档案展览，把档案馆(室)建设成为立德树人的重要育人基地。为充分发挥档案的教育基地作用，我们可以采取多种措施、利用多种手段：一是接受学生到档案馆（室）实习，参与档案的整理、查阅等工作；二是在学生中招聘志愿者，特别是对档案和历史有兴趣并且具有一定专业知识的学生参与档案编研，协助实施档案数字化工程；三是让学生参与档案馆、校史馆的管理和讲解。参加这些活动，能使学生受到爱国主义思想教育，激发学生的爱国荣校情怀。同时，通过档案使学生了解学校创业的艰辛、历史的曲折、事业的辉煌、学校历代校友的奉献，以此提升学生对学校的认同感、自豪感，提高学生的思想境界和道德情操，激发学生的开拓精神，塑造其完美人格；四是增强学生的实践能力和动手能力，拓展其专业知识，提高其综合素质，培养复合型人才。

（四）加强高校档案文化建设，充分发挥先进档案文化在立德树人中的重要作用

档案文化是档案本身所积淀的文化和从事档案管理和档案服务事业所形成的文化。既然高校档案在立德树人中具有举足轻重的地位，建设先进的档案文化就非常重要。一是要做好档案材料的收集、整理、利用工作，在条件允许的情况下，加强档案编研，从丰富的档案资料中挖掘出先进典型、形成先进文化，激发档案人及全体师生的工作学习动力。二是加强对档案管理人员的社会主义核心价值观教育，在档案管理队伍中形成勤奋敬业、无私奉献、扎实工作、乐于服务的文化氛围。三是使大家形成认识档案、了解档案、保护档案的意识、理念，把档案管理作为为国家、民族、社会和学校积累精神财富，作为个人成长并终身为之奉献的伟大事业。四是在全学校甚至全社会培育起注重档案收集，重视档案利用，充分尊重档案工作人员的良好文化风尚。只有建立起先进的档案文化，才会进一步促进档案建设，形成档案建设的良性循环。我们不仅要建设先进的档案文化，而且使这种文化无处不在，让学生在校园中无时无刻不感受到这种先进文化，时时处处置身于这种先进文化之中，从中接受滋养，以此提升自己的品格、境界，启迪心智，净化心灵。

（五）加强档案数字化建设

充分利用学生喜欢上网的特点，建设档案网站，编制档案查询目录，建立档案数据库和搜索工具，方便师生快捷、高效的查询、访问档案。网络时代的今天，青年学生无时无处不处于网络之中，各种信息扑面而来，在庞杂纷繁的信息中，能把客观、真实的档案信息提供给学生，在价值多元的文化中，能以先进的档案文化影响学生，给学生成长输入正能量，

使高校档案真正发挥在立德树人中的独特作用。

总之,把立德树人作为教育的根本任务是教育的本质要求,是时代的呼唤,是我们应该长期坚持的一项战略决策,也是实现中华民族伟大复兴的中国梦的一项最强有力的助推工程,在立德树人这项伟大工程中,高校档案应加大建设力度,全方位适应这一任务的要求,全面发挥好育人作用。

第三章 高校档案的管理模式

高校档案是高校在教学、科研、党政管理和其他活动中直接形成的，具有保存价值的文字、图表、声像等不同载体的文件材料。其作为高校档案的主体和核心，是维护学校历史真实面貌的重要凭证，是衡量高校教育教学质量和管理水平的重要标志。近年来，随着高校规模的不断扩大，学科专业建设的日趋完善和细化，教学管理的逐步规范，高校档案的数量和种类急剧增加，但学校教学档案管理滞后于学校整体发展要求。鉴于此，本书基于全面质量管理视角探索科学高效的教学档案管理体制和运行机制，以期提高教学档案管理的现代化水平，充分发挥其在"人才培养、科学研究、服务社会和文化传承与创新"中的功能。构建分类、分层、权责匹配的网络化教学档案管理体制。

第一节 高校档案管理体制

一、建立分层领导的管理体制

按照《高等学校档案管理办法》要求，实行校长负责制，设立以学校校长为主任，学校分管档案工作、教学工作的副校长为副主任，各二级学院负责人和相关职能部门负责人为委员，档案馆负责人为办公室主任的"档案管理委员会"，明确各方职责，强化组织领导。在"统一领导，分级管理"的原则下，确立教学档案校、院两级管理体制，即根据学校行政管理层次的划分对教学档案进行分级管理。档案馆负责全校档案工作的整体规划和统一管理，并承担涉及学校宏观层面的重要档案的集中保管和利用；各二级学院建立文档室，确定档案工作分管领导，配备档案工作人员，具体负责教学档案的收集、整理和保管工作。在各部门共同参与的档案工作体制下，确保分工明确、各司其职、齐抓共管、形成合力，推动教学档案和谐发展。

二、构建分层管理的网络体系

构建立体式、全景化的档案工作网络体系是实施教学档案分层管理的重要环节，也是提高教学档案管理效率的关键。根据教学档案形成规律，构建以"档案馆—二级学院办公室—教学科研科—各教研室"为主线的教学档案管理网络体系。其中各二级学院教研室是教学档案管理网络体系的源点，负责收集学院各专业教学管理工作档案资料；教学科研科负责汇总整理各教研室档案资料，并移交至办公室；办公室负责定期将重要档案移交至档案馆，并负责对归档遗留下来需要续存的档案资料（主要是过程依据性资料）的整理、保管和利用。确保教学档案建设工作深入教学管理活动的各个微观领域，实现由粗放式管理向集约式管理的转变。

三、全面厘清分层管理职责

为切实履行教学档案分层负责的管理，应明确档案馆和文档室的管理职责。其中档案馆主要承担档案业务管理职能，具体包括：贯彻执行档案工作法律法规和方针政策，拟定全校档案管理工作规划、年度计划，制定学校档案工作规章制度；监督、指导、检查各二级学院教学档案的管理情况；负责征集、接收、整理、鉴定、保管、统计学校宏观层面的各类重要档案；开展档案的开放和利用工作，组织档案编研工作和信息开发交流工作，发挥档案的信息源作用；培训全校专（兼）职档案工作人员等。各二级学院文档室主要履行教学资料的收集整理职责，具体包括：按照学校有关规定，做好本学院文件资料的收集、整理、鉴定、保管和统计工作，保证移交档案的齐全、完整、准确、规范；负责室藏档案资料的分类、组卷、编目登记、保管和利用等业务工作；负责对室藏期满档案资料进行鉴定、销毁；接受学校档案馆的业务指导、监督与检查等。

第二节 高校档案运行机制

高校档案的运行机制应是系统、科学、规范的，因此，需要做到以下几点：

一、完善制度机制，确保教学档案工作有据可依

以制度建设为抓手，确保教学档案工作有据可依，有章可循。在教学档案管理过程中，以《高等学校档案工作规范》《高等学校档案实体分类法》《高等学校档案管理办法》等为依据，制定相应管理实施细则，对教学档案的归档范围、归档立卷原则、归档立卷程序、保管期限等做出详细、明确的规定。其中归档范围的确定，应符合学校教学管理工作特点，突出学校教学特色，具有可操作性、实用性，并能消除现有的归档盲区；保管期限的制定，应注意期限、条款的明确和细化，探索划限与标时（年）结合之路。同时还应制定和完善档案分管领导和专兼职档案人员职责，档案管理工作考核办法等配套的档案工作规章和考核制度，把工作分解到个人，保障教学档案工作贯彻落实。

二、构建收集机制，保障教学档案齐全完整

以全员参与为基础，确保教学档案工作质量责任纳入相应的部门和岗位中。教学档案来源分散，除上级业务部门和本校下发的各种文件、二级学院的内部文件外，还有大量文件材料散存于一线教师。实现档案的全员化管理，明确办公室、教学科研科、教研室和所有教师所承担的角色，有利于提高档案资料的归档率、完整率和齐全率。其中二级学院领导是"档案工作的总指挥"，各教研室主任是"联系学院教师的纽带"，办公室主任是"领导的助手和联系各学科主任与教师的桥梁"。在具体的管理实施过程中，各教研室在每学期初备好档案盒，根据本学院归档范围要求，结合每位教师本学期教学内容，确定各教师上交的教学文件材料；审核文件材料并于期末移交至学院办公室。各教师按照打印的归档材料目录，于本学期期中、期末分批将需上交的教学文件材料放入档案盒，并对所交材料签字确认。办公室负责统一整理归档，定期将涉及学校宏观层面的重要档案移交至档案馆统一保管，并将归档遗留下来需要续存的档案资料（主要是过程依据性资料）进行保存和利用。主管领导负责协调解决工作中的问题，监督检查工作执行情况。

三、强化规范机制，促使教学档案工作规范标准

以过程管理为根本，确保教学档案工作规范化、流程化。教学档案是在教学过程中形成的文件材料，因此各二级学院应按照"四同步"原则，事先安排教学计划任务与提出教学文件材料归档要求同步，检查教学计划执行情况与检查教学文件材料积累情况同步，鉴定教学质量、评审教学成果与审核教学档案文件材料同步，教师考核、晋升、评优等与档案部门出具个人相关文件资料归档情况证明同步。学院依据归档范围和工作规范要求，对收集的文件资料科学分类、组卷、微机录入，实行统一编制档号、目录和检索工具，并按档号排架、入库保管、及时反馈档案工作信息。档案馆则需将主要精力投入到对二级学院档案工作的指导、监督、检查和协助中去。在对教学档案从形成到永久保存或销毁的整个生命周期的全程监控中，要突出重点，严把关键环节，并设计补偿性控制，即对关键环节预设数目不等的补偿性控制点，以保障档案工作流程质量，实现全方位、全范围和全阶段的管理。这有助于将档案管理工作的重点由传统的"事后把关"转移到"事前预防"，从管理"结果"转变为管理"因素"，使不符合规范要求的档案消失在其形成过程中，做到"防患于未然"。

四、深化考核机制，落实教学档案工作职责

以绩效考核为手段，确保教学档案工作质量的可持续改进。学校根据制定的教学档案质量评估方案、实施细则以及配套奖惩措施进行评估考核。考核采用过程考核与年终目

标考核相结合的方式，其中过程考核的实施有利于激励和约束各二级学院将档案管理和建设的质量落实在平时的积累中，当为考核的主要方式。通过考核评估，对在教学档案管理和服务工作中成绩显著者给予表彰、奖励；凡年度考核不合格的学院，取消其所在学院整体评优和相关责任人的评优资格，取消相关教师职称评定和各项奖项的评定资格，让教师切实从思想上重视自己在教学和管理过程中形成的档案文件材料。同时，为确保教学档案管理的客观性和现实性，教学档案管理应遵循教学的基本规律，将教学档案工作纳入学校教学质量保证体系考核之中，确定其考核分值占比，以确保教学档案建设的基础工作落到实处。

五、建设服务机制，实现教学档案价值

以利用需求为主导，确保教学档案工作有的放矢。教学档案的管理应打破传统的内向封闭系统状态，实现由单纯的保管向开放服务转变，以服务促管理，以管理完善服务。编研是开发利用教学档案的重要手段，对教学档案编研内容、编研方式、编研形式和编研途径的选择，是提高教学档案服务水平的切入点。教学档案编研应根据学校和学院工作重点、难点以及热点问题，结合教师的档案利用需求，将那些重要的、利用频率高的教学档案，整理汇编成册，实现由一次文献、二次文献向三次文献加工发展，形成系统、权威、深层次的档案信息产品。在教学档案的编研过程中，通过对原始材料的提炼，可形成以"综合管理""教学与实践""学科专业""教材""学籍管理"和"毕业生工作"等为主题的系列汇编；形成"试卷管理""教案讲稿管理""精品课程""重点课程""教研活动""学生成绩"等专题汇编。这种全方位和整体性的编研工作，能有效拓展档案信息内涵，实现教学档案利用率根本性的突破。同时档案馆和档案资料室要做好教学档案资料的开放利用工作，通过丰富查阅方式，简化利用手续，建立信息联系网络，举办专题档案展览等形式，促进档案价值实现。

六、建立保障机制，提高教学档案工作积极性

以全员素质的提升为前提，确保教学档案工作质量的贯彻落实。档案产品和服务的质量取决于人的档案工作质量，而人的档案工作质量又取决于人的素质，因此，提高全员整体素质成为做好教学档案管理工作的出发点和落脚点。首先要建立完善的档案专兼职人员培训、考核机制，定期开展档案管理业务培训，通过校内培训为主、校外培训为辅，集中培训与重点培训相结合的方式，提高各二级学院档案管理人员的专业技能。其次，加强档案宣传力度，变被动为主动，化消极为积极，争取学校各部门和各组织管理层面的了解、认同和支持，争取广大教师成为档案工作的利益相关者和支持者，变档案管理员的"独奏"为全员的"合奏"，最大限度化解来自各方的阻力和疑虑。

高校档案是高校档案工作的主体和重点，是衡量学校教育教学质量和管理水平的重要

标志，也是学校开展教育教学改革和各项评估工作的重要依据。高校档案管理部门应在把握教学档案运行规律的基础上，结合学校实际和利用需求，借鉴先进的管理理念和方法，转变传统封闭的经验式管理，提高档案管理的现代化水平和服务能力，以寻得更大的生存和发展空间。

七、建立协调机制，提高教学档案管理水平

高校档案管理水平是高等学校办学规范化、法制化和科学化的重要体现，在一定程度上反映了高校人才培养的渠道和水平。目前，高校档案管理主要涉及教务部门、二级系院和教研室三级管理。随着高校两级管理机制的逐步实施和推广，教学档案管理的重心也逐渐转移至二级系院。因此，教学档案三级管理机构之间的矛盾和机构内部的矛盾就显得尤为突出。高校三级教学档案管理是否协调有序，教学档案管理的系统性、整体性是否体现，势必影响着高校办学情况和人才培养过程是否规范和科学。

（一）高校档案三级管理的现状

1. 高校二级管理对高校档案管理的影响

经过多年的探索和实践，高校内部管理体制改革正在深入开展，各高校也在积极实施和推广二级管理。在这种模式下，二级系院是教学档案管理工作的支柱和主要部门，教学档案管理的规范化、科学化程度在一定程度上也反映了二级系院整体管理水平。因此，在此背景下二级系院的教学档案管理不但要接受教务部门的指导和检查，还要进行具体的决策和落实。同时也要为系院整体工作服务，系院的教学档案管理工作也面临着创新和提升的压力，要根据学校的实际情况和系院需要创造性地开展工作。

2. 高校档案管理的三级模式

随着系院逐渐成为高校教学管理的中心，二级系院在教育教学管理的主体地位日益凸显。高校档案以学校教务部门的宏观指导、二级系院的分层管理和教研室的直接建设为基本模式的三级管理模式基本形成。在这种模式下，学校教务部门的工作重点在于整体协调和宏观指导，更加注重教学档案管理的督查和教学工作的考核评估；二级系院的工作重点在于教学档案的过程化、系统化管理，更加注重教学档案的规范化和应用；教研室的工作重点在于教学档案的直接收集和分层分类分期管理，更加注重教学档案的精细化和层次化。

3. 高校档案管理队伍分析

目前高校档案三级管理的机构和队伍建设已经基本完成。教务部门大部分科室分类管理教学工作和管理教学档案；二级系院大都建立了教学办公室或配备了教学秘书和教务员等教学档案管理机构和人员；二级系院大都按专业或按学科分别建立了教研室，由教研室主任负责专业或学科的各项工作。高校也都基本明确了三级教学档案管理的职责和内容，教学档案建设与管理稳步推进，在高校教学评估与质量提升方面起到了积极的作用。

（二）高校档案管理的矛盾与问题

随着高等教育的改革发展和教育部教学评估工作的持续开展，高校档案管理工作取得了长足的进步。但就目前来讲，高校档案管理还存在着一定的矛盾与问题。

1. 高校档案管理的协调性不强

高校档案管理涉及教学管理的各个环节、机构和广大师生员工，需要大量的协调和沟通。就目前的三级管理来说，虽然管理的层次和职责有了基本的规范，但也存在着纵向机构、横向机构、各机构内部和师生员工之间的沟通协调不畅等问题。比如，教务部门和系院之间大多是布置任务与完成任务的关系，存在一定程度上系院对教务部门繁杂的要求不理解，教务部门对系院工作的效率和质量不太认可等现象；教务部门与学生部门等其他职能部门也存在相对孤立的现象，协调性不强；二级系院之间又存在盲目攀比、协同意识缺乏，教学计划冲突等现象，无法形成协调、高效的整体。

2. 高校档案管理的系统性不强

高校人才培养是一个系统工程，教学档案管理作为人才培养的显性出现，具有数量大、形式杂等特点，同样也是一项纷繁复杂、涉及众多要素的系统，往往被忽视。比如，我们往往重视科研档案成果的收集管理，而忽视科研的申报、检查、研究过程。

3. 高校档案管理的层次性不强

高校档案涉及学校、系院、教研室和一线师生员工各个层面，也涉及教务、学务、考务、政务等多个方面。虽然在理论上教学档案存在多个层次和类别，但在实际的管理上，大多是以横向分类为主，教学档案建设的目录十分复杂，项目也非常多，往往是教学档案管理人员无从下手，理不清思路。而且，虽然教学档案管理的级别和机构层次分明，但实际上教学档案本身的纵向分层却比较困难，不同教学档案之间有联系但更有相对独立性，因此显得层次性不强，也影响了教学档案体系的逻辑清晰度。

4. 高校档案管理队伍不科学

目前，学校教务部门大都建立了教务、学务、督导、评估等相应科室和人员；系院也有一支教学秘书、教务员的专兼职队伍；教研室档案建设也初见成效。但是高校档案管理队伍还普遍存在档案意识不足、专业素质不强、时间不充裕、心理准备欠缺等问题。一方面，大多教学档案管理人员都是一线教师或行政人员出身，缺少教学管理和档案管理的专业背景，对档案地位的认识不足，在管理和处置上比较随意；另一方面，相当一部分教学档案管理人员都是兼职人员，不能保证教学档案管理的充足时间。另外，教学档案管理人员大都缺乏心理专业知识和协调沟通技巧，面对复杂繁重的教学档案收集整理任务和处理各种矛盾问题显得不够成熟，容易导致心理受挫，影响教学档案管理的效果和管理队伍的稳定。

（三）构建高校档案三级管理的协调机制

1. 巩固教学档案的宏观管理，强化其整体性

教学档案管理的主导作用在于学校的教务部门，他们不但承担着一定的教学档案的直

接收集整理工作，也承担着全校教学档案的设置、规划、指导、管理工作。但教务部门应该将教学档案建设和管理的重心下移，构建教学档案三级管理的基本机制，自身更加突出全校教学档案管理的整体协调和宏观指导，把工作重点放在教学档案的宏观规范制定、业务技能指导、常规档案督查和教学工作考核等方面，更加强调和二级系院之间的纵向协调和学校各部门之间、各系院之间的横向协调。教务部门要做好教学档案管理各要素、各机构和管理人员之间的沟通和协调，发挥好教学档案管理的主导作用，做好教学档案管理召集人、协调者、裁判员的角色，形成以教务部门为核心的教学档案管理协调统一体系，展现其整体性。

2. 突出教学档案的二级系院管理，强化其系统性

在高校管理二级模式下，高校二级系院应该成为教学档案管理的主体，同时也是教学档案建设工作承上启下的重要枢纽。系院在教学档案管理中要充分发挥中坚力量和沟通枢纽的作用，认真贯彻落实学校相关部门的要求，合理制定档案管理的二级规范，做好教学档案意识的宣传和教育工作，加大对教研室的支持力度，规划教学档案的建设方案，形成教学档案的完整体系和教学档案建设的保障机制。同时，二级系院应该把高校档案整个过程进行科学梳理，使之系统化和科学化，重点突出教学档案从收集与积累、归档与整合、编研与开发、服务与利用等环节的过程化、系统化管理，更加注重教学档案的规范化和应用效果，以提高教学档案的利用率和实际价值，为高校的人才培养奠定基础，为高校的教学科研提供资源和服务平台，突出教学档案从收集到利用的完整体系。

3. 规范教学档案的微观管理，强化其层次性

教研室在教学档案建设与管理中应该起到基础性的作用。教研室是教师参与院系和学校活动的基本载体，也是教学档案收集与管理的第一环节，因此要充分利用教研室展开教学档案的收集利用工作，更加注重教学档案的精细化和标准化，建立起体现教研室活动全过程的"教研室常规档案体系"。教师是教学档案的接形成者，一定要鼓励和号召一线教师参与教学档案建设，以教研室微观管理为依托，建立起跟踪教师教学科研全过程的"教师个人业务档案"。另外，高校档案在微观管理上要采用过程管理的方式，从纵向角度来加强教学档案的分层建设，真实反映教学的实际过程，体现教学档案的清晰逻辑体系。然后，辅之以横向分类，形成层次分明的教学档案体系，加强教学档案的内在联系性和协调性，又不忽视不同教学档案的特点和作用，以更加清晰和流畅的方式来构建教学档案体系。

4. 培养教学档案管理队伍的协调能力

教学档案管理工作涉及全体师生员工和各个职能部门之间纵横交错的合作关系。在实际工作中，教学档案管理人员的协调能力往往与档案管理工作的顺利开展和实际效果密切相关。因此，需要不断培养和巩固教学档案管理队伍的协调能力，通过充分的沟通与交流、和谐的对话和理解，达到各部门、各类教学档案管理的协调统一。除了尽可能要选调档案专业人员加入教学档案管理队伍、继续加强教学档案管理队伍的职业能力培训之外，我们也要尽量安排性格温和、耐心细致、善于沟通的人员担任教学管理人员，还要加强一线教

师、教研室主任、教学秘书和学校教务部门工作人员之间相互学习和交流任职的有效机制，保证这支队伍既熟悉业务又善于协作，使教学档案管理队伍形成相互理解、相互帮助，又相互督促的团结和谐集体，构建教学档案以人为本的协调柔性管理机制。教学档案管理是一项系统工程，需要高校各部门、各院系和全体老师的协调一致和密切配合。建立教学档案三级管理的协调机制，将会有力地推动高校档案建设的规范化、科学化和常规化，不断提高教学档案管理效果，助力于高校办学水平的提高。

第三节 高校档案管理模式

一、高校档案现行管理模式

近年来，国家教育行政部门加强了高校的宏观管理，对普通高等学校本科教学工作进行评估，引起人们对高校档案工作的重视，从而在客观上为教学档案的规范化管理提供了契机。

（一）借高校教学评估契机，大力宣传教学档案的作用，提高教职工的档案意识和对教学档案管理工作重要性的认识，求得学校相关领导的支持

高校的教学档案是教学管理工作中不可或缺的重要环节，以往由于多方面原因对教学档案收集较少。比如学生考试的试卷、试卷分析表标准答案等并没有被大多数高校纳入教学档案归档范围，但它们却对今后的评估办学水平、研究教学及其管理的内在规律，改进教学方法，提高教学质量有着十分重要的作用。因此，在取得相关领导的支持后，通过红头文件，利用全校员工大会、互联网学校主页、校报等形式在全校范围内营造一种氛围，以期人们对教学档案工作形成共识，形成一个齐抓共管的良好局面。

（二）摒弃传统服务思想，主动出击，彰显教学档案效用，以有为谋求有位

档案的收集整理保管等工作的最终目的是利用，如何让教学档案活起来，应该说是值得档案管理人员深思的课题。一份成绩单、一张试卷都代表着学生的学习状况及学校的教学水平，在考察一名学生的同时也是对学校的点滴认识，从而证明了教学档案在实际工作中占据着极其重要的位置。只有教学档案发挥了作用，它的重要性才会显示出来，它的价值才能得以实现。

（三）注重教学档案的收集与积累，建立科学、规范的管理制度

在教学档案管理工作中，要制定明确的教学档案目标管理标准，建立起一套教学档案管理制度，对有收集价值的教学材料要详尽列入教学档案收集范围。同时，要建立学校档案工作网络，确定各专、兼职档案人员岗位责任制，制定目标管理标准考核制度，切实考

核，奖优罚劣。高校档案工作者应定期到教学部门了解、检查教学档案的收集情况，宣传档案业务知识，逐步参与教学管理，成为教学工作的信息咨询部门。

（四）做好编研工作，为教学管理部门的决策提供依据

档案管理人员应充分利用所收集的大量的教学档案的优势，做好编研工作：

（1）通过对试卷的清理，从成绩的分布情况可以检查出试卷的质量是否符合学校的要求，考察教师对教学工作的责任心；

（2）通过对现行教学管理制度汇编，可以使师生对教学管理制度有较详尽的了解，便于师生对教学管理文件的学习，增加学生的学习积极性和主动性；

（3）通过对建校以来教师的职称分布、年龄分布、学历层次分布的比较，为学校师资队伍建设决策提供依据。

高校档案工作者应充分抓住机遇，强化教学档案管理，服务教学工作，服务于普通高校教学评估工作，为校领导的决策提供翔实、准确、客观的依据，实现良性的自我发展。

二、网络环境下的高校档案管理模式

（一）高校档案网络管理的含义及特点

高校档案是指高校在以往的教学活动、科研活动、教学管理中直接形成的，具有保存价值的各种文字、图表、声像等不同载体形式的教学文件，它是高校档案的重要组成部分。高校档案管理工作是围绕着高校档案的收集、整理、加工、保管、开发利用等环节所组成的业务工作的总称。伴随着高校教学、科研及教学管理活动的开展，教学文件和档案持续产生。网络环境下，高校档案管理呈现出虚拟性、集成性和网络化等新特点。

1. 虚拟性

由于数字档案信息的集散性、数字化以及跨平台性，对于教学档案的管理表现出虚拟性。这种虚拟性，对于数字档案信息的异构平台的信息采集、加工处理以及提供利用提供了便捷的通道。

2. 集成性

教学档案集成管理，则从集成新视角去分析教学管理活动，立体地、综合化地运用各种不同的方法、手段、工具，将教学档案组织中人力、物力等软、硬件资源要素有机地纳入管理视野之中，并将教学档案管理组织内外的各种集成要素按照制定的集成模式进行整合，促使各集成要素功能匹配、优势互补、动态开放及创造性融合。利用网络的软硬件平台，实现面向师生利用的档案信息资源的网络集成管理和服务，是高校档案管理的特色和优势。

3. 网络化

信息网络已经将连接高校的教学部门、行政管理部门以及后勤服务部门，这为档案信息资源管理提供必要的支撑，形成的网络化数字教学档案信息资源，能够为高校的教学、科研和管理活动提出必要的电子证据和信息支持。

（二）网络环境下高校档案管理的模式

随着档案信息管理网络化趋势的日益增强，以档案实体为管理对象的传统管理模式越来越不适应高校的教学科研和管理的自身需要。开展网络化教学档案管理工作，档案部门应采取适合本校特点和体现自身优势的管理模式，进行理论和实践上的创新。目前，高校档案管理模式主要有以下三种。

1. 集中式管理模式

这种管理模式是以高校内部的教学管理机构（教务处）或教学档案管理机构（学校档案馆）为主体，而形成的一种教学档案信息资源的集中管理与提供服务的模式。从具体的操作来讲，就是以这些机构作为学校教学档案信息管理和对外服务的中心，利用配置较高的网络服务器，建立专门的教学档案信息网站，通过 Intranet 或 Internet 提供校内外利用。集中式管理模式有其优缺点。该模式的优点在于硬件购置集中、避免重复，对于教学档案信息资源的管理也比较集中，从而增加了网络信息的安全性；该模式的缺点在于教学档案信息更新较慢，易造成数字档案信息流失，容易造成利用不便。

2. 分布式管理模式

这种管理模式是指充分利用现有的，广泛分布于学校教学管理机构和各院（系、所）已有的（或配备的）网络服务器等硬件资源，通过校内发达的 Intranet 网络，把形成的教学档案信息及时上传上载，从而分散地提供利用服务的一种方式。分散式管理模式的优点在于教学档案信息更新速度快，信息量大，方便利用；不足是软硬件系统的购置投资大、管理难度较大，档案信息安全性较差。

3. 集成式管理模式

在网络环境下，集成管理是高校档案管理的重要模式，连红等认为："将教学档案信息管理与服务的全过程作为一个有机的系统，以全方位、全范围和全阶段的'大集成'管理思想，赋予教学档案管理体系的系统性和动态性，使文件运动各个环节规范标准，使重要的界面关系纳入档案管理状态，进行控制、协调和沟通。"在集成管理模式下，高校档案工作要多措并举，综合性地运用各种资源，包括管理层面和技术层面等相关因素，切实实现各种资源要素的整合和集成。集成管理模式是高校档案管理发展的重要趋势，尤其是在网络环境下，针对数字教学档案及有关信息资源的管理，要结合高校内的多个管理信息系统，如：教务管理信息系统、各种办公自动化系统等，积极实施信息系统集成，实现网络的互联互通和系统资源的共建共享，保障高校教学"电子证据"的真实性及其价值的充分实现。

（1）以高校局域网为基础，实现校内教学档案资源的集成管理。

近年来，各高校内广泛建立起局域网，形成了高校内部教学、科研和管理的信息交换平台。由于局域网具有较高的安全性、易维护性、传输速度快等优点，能够满足高校内开展教学档案集成管理工作的需要。高校内形成的教学档案广泛分布于校内各行政管理部门和教研部门，通过校内 Intranet 的构建，学校行政管理部门、院、系（所）以及档案馆（室），可以把大量具有保存备查价值的教学文件，通过逻辑归档和物理归档，实时或定期上载或通过 FTP 上传到内部网文档服务器（包括 Intranet/Internet Web 服务器、档案数据服务器以及 Intranet/Internet 服务器）进行集中归档保存，通过网络提供教学档案信息供校内行政管理部门、师生利用，从而达到充分实现教学档案价值的目的。

（2）依托 CERNET，逐步实现高校间教学档案集成管理与服务。

在充分发挥校内利用局域网的档案信息资源整合和集成的基础上，充分依靠全国高校科育与科研计算机网（CERNET），进而接入 Internet，这就形成了覆盖我国高校乃至全球的教学档案信息资源集成管理和服务的新格局。在互联网络环境下，在立足本校的管理和服务集成的情况下，可以进一步把丰富的教学档案信息资源，如硕士博士论文集、教案示例、教学方法与经验、课件、电子教室、试题、教研成果等教学档案信息，通过网络向国内外高校、社会各界公布，以积极的姿态为广大利用者服务。

三、高校档案管理模式的创新

高校档案管理作为一项重要的工作，教学档案涉及面广，包括教学岗位的各个方面，全程记录教学过程具有多种表现形式，高校档案管理的好坏直接关系到高校教学的发展。随着教育改革的发展，对高校档案管理要求也越来越高，高校只有加大教学档案管理的创新，才能提高教学档案管理水平，进而促进高校教学的发展。

（一）高校档案管理创新的必要性

高校档案管理作为高校管理的一项重要工作，教学档案反映了高校的办学水平，做好教学档案管理工作有助于提高高校的办学水平。就当前高校档案管理工作来看档案管理信息化水平低，教学档案管理工作不全面，专业的档案管理人员不足，进而造成高校档案管理水平低严重影响到了高校教学的发展。这种管理模式显然已经难以满足高校档案管理工作的需要了。伴随着信息技术的发展，计算机网络的应用也越来越普遍，而高校要想更好地发展，就必须加大教学档案管理的创新，利用计算机网络技术，推进高校档案管理的信息化建设，进而更好地服务于教学。

（二）高校档案管理模式的创新方法

1. 加强档案管理的标准化建设

在高校档案管理工作中，实现教学档案管理标准化建设不仅是我国教育改革发展的需要，同时也是我国信息化技术发展的内在要求。为此，在高校档案管理工作中，高校应当认清形势，用发展的眼光看待问题，引进先进的技术，建立统一的信息化管理系统，加强学校各部门之间的联系，确保教学档案的真实性。另外，在高校档案管理工作中，管理工作者要善于利用信息技术，将现代化的档案管理资料、数据等相关信息都按照统一的标准来进行管理，形成标准的档案管理体系，从而将档案管理现代化引入正常的轨道中。同时，要做好系统的提倡维护，对教学信息进行定期的更新。

2. 创新教学档案管理思想

就目前来看，高校档案管理工作中所采用的管理方式依然比较机械，没有认识到教学档案管理建设的真实目的进而影响到教学档案管理效率。为此，在高校档案管理工作中，要积极创新教学档案管理思想，在教学档案管理工作中要坚持以人为本的理念，鼓励师生共同参与到教学档案建设中来。因为教师与学生是教学践行者和接受者，他们最有发言权，让他们参与到高校档案建设中来，进而不断完善档案材料，确保教学档案管理效率。

3. 实现现代化的管理

在高校档案管理中，不断加强现代化管理意识，可以让现代化管理意识深入档案管理者的心中，规范他们的工作行为，进而确保教学档案管理效率，提高管理水平。在高校档案管理中，实现现代化的管理，可以提高档案管理的效果，在管理工作中，利用先进的科学技术，引进先进的管理方式，不断提高工作效益，从而提高高校教学水平。

4. 教学档案管理设备的创新

在高校档案管理工作中，设备陈旧，甚至在一些基层都是采用人工的方式进行档案的记载和管理，进而影响到教学档案管理效率。在这个高速发展的社会，经济越来越发达了了，档案管理已经越发重要了，为了提高档案管理现代化的水平，高校就必须加大资金投入，引进先进设备，为高校档案管理工作提供保障。

5. 健全管理制度

教学档案管理作为高校管理中的一项重要工作，教学档案不仅关系到学校的发展，同时也关系到学生的成长。只有健全管理制度，才能不断提高教学档案管理水平和质量。在高校档案管理工作中，学校必须加强学籍管理信息化建设，完善学籍管理制度，建立统一信息管理系统来加强教学档案管理。档案管理制度必须从学校实际出发，以国家相关法律法规为依据制定，内容应涉及教学档案管理工作职责单位、主要职责内容等。

6. 加强专业管理人才的培养

在高校档案管理中，专业的管理人员有着不可替代的作用。高校只有重视专业管理人员的培养与任用，才能提高教学档案管理效率。在高校档案管理工作中，高校必须注重专业档案管理人才的培养，不仅要加强职业素养的培养，同时还要加强计算机操作能力的培养，进而为高校档案管理工作提供保障。随着教育事业的发展，对高校管理工作要求也越来越高。高校档案管理作为高校管理的一项重要的工作，高校档案管理的好坏直接关系到高校教学的发展。面对这个飞速发展的社会，我国高校要想更好地发展，就必须加大教学档案管理的创新，在高校档案管理中加大技术的应用，进而不断提高教学档案管理水平，为高校教学的发展提供保障。

（三）教学档案管理新模式之集成管理

1. 教学档案集成管理的理念及体系

21世纪的信息全球化，交叉学科的融合为管理学领域带来了勃勃生机；集成管理因其"集合而成"的基本特征和与时俱进的优化模式，尤其受到人们的青睐。档案集成管理，是指集成主体以全新的管理理念及方法，突破人们惯有的常规模式，以积极的探索精神将集成的基本原理和方法创造性运用到档案管理中的一种实践模式。教学档案集成管理，则从集成新视角去分析教学管理活动，立体地、综合化地运用各种不同的方法、手段、工具，将教学档案组织中人力、物力等软、硬资源要素有机地纳入管理视野之中，并将教学档案管理组织内外的各种集成要素按照制定的集成模式进行整合，促使各集成要素功能匹配、优势互补、动态开放及创造性融合，从而使得教学档案管理系统完整，整体功效倍增，变被动为主动，最终促进整个教学管理活动效率的提高。

教学档案集成管理模式是根据21世纪信息时代电子文件和档案未来发展方向，结合高等教育的各种需求背景，有助于二级学院的档案管理与时俱进的原则，建立高校基层教学档案集成管理体系。

从管理与利用基层档案管理的实际出发，集成管理即将教学档案信息管理与服务的全过程作为一个有机系统实施管理。高校应以全方位、全范围和全阶段的"大集成"管理思想，运用文件生命周期和集成的理念，基于界面管理交互作用的学术新观点，赋予教学档案管理体系的系统性和动态性，使文件运动各个环节规范标准，使重要的界面关系纳入档案管理状态以实现控制、协调和沟通，达到领导重视、教师积极参与、不断开发创新和相互交流档案信息的效果，实现以教学科研服务为核心，提高教学质量。

依据上述理念构筑的院系教学档案集成管理体系，内容包括理念集成、过程集成、组织集成、方法集成，其中又包含"双轨制"原则、全程管理原则、界面管理原则等，使之集成一体，创造性融合既互为统一，又交叉渗透，达到系统优化、管理高效、用户满意，最大价值实现一种最优化管理理念和一种最佳实践模式。

2.教学档案集成管理的原则内涵

根据教学档案集成管理的理念与体系，运用三项基本原则，为规范院系教学档案管理起到了较大的作用。

（1）"双轨制"原则。

采取纸质与电子文档同时归档的两条腿走路，确保文件资料的安全和利用，并统一实行集成管理。旨在改变师生检索工具单一状况，建立和完善多种检索渠道，最大限度地实现教学资料信息为教学服务的目标。以"双轨制"集成理念为统摄纲领，贯穿教学档案的集成管理全过程，促进纸质与电子文档界面之间的交互作用。

（2）全程管理原则。

主要是指档案生命周期，在教学实践活动中直接形成的一切原始记录，从其形成到最后消亡或永久保存的完整生命过程。教学档案的整体性决定了档案管理的全程性。把握每个环节的界面接口联结，都应根据教学档案运动的客观规律，从宏观的角度全面有效地控制档案从生成到销毁或永久保存的生命过程，以及管理过程的"全程控制"。

（3）界面管理原则。

界面原指各种仪器设备、部件、计算机等的接后被引入管理领域，大部分引用在企业管理中。但随着时代的变化，其内涵和外延都得到迅速的拓展，应用前景越来越广阔。教学档案界面管理是指为完成某项档案管理任务，教学单位之间、单位内部各组织部门之间、有关成员之间在教学管理环节的人、物、信息等要素交流方面的相互作用关系。可分为三种情形：一是计算机的机械界面；二是文件入库后的整理、鉴定、保管等阶段的界面管理；三是文件的产生、收集和利用等环节界面交互。前两种界面管理主要与物交流，后一种与人沟通。具体表现形式为协调机构与人主体之间的交流与沟通的组织模式及管理方式。其实质就是解决教学档案界面各方在分工与协作之间的矛盾，提高管理的整体功能，实现教学质量绩效的最优化。高校应将以上档案管理基本原则集成一体，互相渗透，并在建立的教学档案集成管理体系中融会交叉应用。

3. 教学档案集成管理原则的有效运作

在实践理念集成、过程集成、组织集成、方法集成四个方面的集成管理运作中，通过"双轨制"原则、全程管理原则、界面管理原则以及公共性原则组织沟通等原则的有机集成，达到有效的管理目标，开创了院系教学档案管理的新局面，激活高校教学改革的思路。

（1）理念集成与时俱进。

集成管理是一项系统管理，明确集成目标至关重要。针对高校二级学院档案管理缺乏标准化的管理体系和连续性管理的长效机制等问题，管理者应站在宏观的角度，以教学档案为媒介，促进教学管理的新思路作为总纲领。集成前瞻性、科学性、先进性、创新性为一体的理念，设计二级学院档案集成化管理模式。具体操作如下：

其一，构建院系教学档案应有长远的战略视野，赋予档案集成管理系统科学的内涵，要有与时俱进的理念，师生应具有强烈的团队意识和创新思想，才能使教学档案管理质量升华；

其二，以集成思想为指导，突破惯有的教学档案常规管理模式，以科学发展观来改革院系档案系统，对教学档案管理体系进行前瞻性的规划，按照既定的集成方式或模式协调一致，使之达到优势互补；

其三，集成管理是一个与时俱进、不断调整的动态过程，以科学发展观把握宏观与微观的调整，以档案"双轨制"管理为轴心辐射各区域，每个区域的接口集成了界面管理的理念，以此改变被动单一的管理状态。

（2）过程集成环环相扣。

目前国内大部分高校的二级学院重管理、轻档案现象普遍存在，教学档案不齐全，难以体现教学水平，难以通过教学档案管理来监督教学管理。为改变这种现状，应在实践中运用全程管理原则。

根据院系的实际情况，一是对文件生命周期的过程进行全程集成管理；二是研究工作方法，对管理的过程实行"全程控制"。首先对传统的档案管理重新审视并进行改革，按教学文件生命周期各个阶段的特点和管理要求，全面梳理院系所有产生的教学文件资料，构建系统化、规范化、标准化的管理体系，使之成为院系档案管理的一个系统。

其次，对集成材料的产生、收集、鉴定、整理、开发、利用、保管、销毁等整个生命周期的每个环节严格把关，根据教学文件运动过程中各种因素之间存在着特定的内在联系等特点，解决界面接口连接的障碍，使之畅通，环环相扣，确保教学档案管理的完整性。

最后，在实行全程管理中抓重点。教学档案在全部生命过程中先后表现出不同的作用和价值，使其整个生命周期可以区分为不同的运动阶段，即档案运动阶段性的特点决定教学档案管理的针对性只有在把握全程管理的同时，突出重点，才能实现全方位、全范围和全阶段的集成化管理。

（3）组织集成路径畅通。

组织是一个社会系统，是由多个部分（子系统）组成的有层次、有结构的一个社会系统。高校的院系就是构成高校组织的子系统，而院系本身作为相对独立的组织又包含多个更小的子系统。教学档案管理是组织与人脉复杂关系交叉的系统工程，往往一位档案员难以完成。因为教学档案的来源在于教与学产生的材料，它不同于其他档案，学科多，专业性强，涉及面广，档案材料产生按照教学档案分类体系达70多种，全部记载了教学每个环节，反映了教学管理的整个状况。鉴于教学档案的属性，应与教学管理直接挂钩，强化团队的力量，来实现教学档案集成管理的目标。

界面管理作为一种管理理念和管理方式，有着更高的战略视角和更系统的内涵。根据组织集成的包容性、复杂性和协同性特点，从提高教学质量的宏观视角出发，建立机构组织沟通界面和人脉组织沟通界面管理两条体系进行互动，把循环往复的教学过程中运作的问题进行有效的、有次序的系统控制。机构组织沟通界面有各部门相互间的关系，办公室与各系部、研究所之间的关系；人脉组织沟通界面有领导与教师的关系，教师与学生的关系，档案员与师生的关系等一环套一环的网络结构。例如：为完成院系档案建立的同一目标，从材料的产生、收集、整理等接口把握质量，教师和学生是材料产生的主体，是教与学的直接参与者，提高教学质量必须从材料产生的源头抓起，这需要教师之间的沟通互助，团队的配合才能实现界面效应。因此，为有效地排除复杂的档案界面障碍，应把握界面管理的团队性、共识性、开放性、约束性等原理，通过公关模式和组织沟通原则等集成途径，协调处理教学组织机构与教师学生之间的各种界面关系，确保教育事业成功，实现界面管理目标。

①公关模式。一是宣传性：主要是利用各种传播媒介，向档案公众进行宣传，提高档案公众的认识。例如：以"认真编写教案，提高教学质量"为主题的橱窗展览，为收集教案讲稿起到了很好的宣传作用。二是交际性：是以人际交换为主，通过机构与人脉两条线的接触，交换了信息，交流了感情，创造了良好的相互信任的心理气氛，为教学档案的产生、利用创造了良好的环境。三是服务性：主要体现在级学院档案室为师生提供优质服务方面，一方面以实际行动促进了教学水平的提高；另一方面，办学层次的提高，反过来也

促进了管理。②组织沟通模式。院系是教学的基层管理组织，是教学管理与教学实践之间的枢纽。许多问题并不适于集权决策，协商、协作在解决这类问题时更为有效。沟通与协商机制有两种途径：一种正式途径是制度化的信息沟通与协商机制，需要制度来保障实施，通过制度把众多组织的聚集与界面管理集成运行；一种非正式途径是通过同级部门的负责人工作人员之间、教师学生之间的私人的交流与协商，来达到工作目标。两种途径相结合，形成了动态性创新界面，发挥了档案管理的整体优化功能。

（4）方法集成收效显著。

以档案学原理为理论基础，以集成思想为指导，综合运用档案学、管理学、传播学、情报学、文学、美学、计算机网络等交叉学科的理论知识的创造性融合，集成各种方法、手段、工具等资源要素建立制度、文献、网络"三维一体"的每项功能又具有独立的集成模式，使方法集成的界面管理优化。例如：从方法上研制了经济实用、易记易操作的三部曲十步法教学档案集成模式，把建立体系、编研文献、数字网络三部曲集成一体，按照十步法的步骤及每种方法的过程，实行界面管理。数字网络技术界面的集成，三种纸质编研模式的界面集成等等，赋予教学档案内容与形式统一的文化品质，这种开放动态的集成模式，超越了高校档案管理现状，体现了教学档案为教学服务的使用价值。

综上所述，教学档案集成管理模式在高校的教学档案管理实践中行之有效，三项管理原则与四个管理集成融会贯通，交互渗透，形成一个系统规范、环环相扣的界面链，体现了以教学档案促教学质量的团队功效及整体的有机结合，从而使以往无人问津的教学档案，通过集成管理成为师生共享的参考文献，达到界面交互，路径畅通的良好状态，最大限度地发挥了教学档案为教师能力的发展、为分院的教学科研、为院系领导全面了解教师以及提高教学管理水平的服务功能，促进了师生之间互相学习、积极进取的团队精神，加快了提高教学质量的步伐。

（四）教学档案管理新模式之全面质量管理

高校档案作为高校档案工作的主体和核心，是衡量高校教学质量、科研学术和管理水平的重要尺度。然而，在高校档案日常管理中，教学档案数量的庞大，范围的广泛、来源的分散，加之高校教师档案意识不强等原因，导致教学档案归档的时效性、准确性、完整性、规范性不高，利用率低下等诸多问题。全面质量管理是一种以顾客要求和期望为驱动，以组织全员参与为基础的质量管理形式。本书拟在高校档案管理中引入全面质量管理理念和方式，通过高校档案全面质量管理模式的构建，以实现高校档案和服务质量持续改进的目的。

1. 满足利用需求，构建管理核心

全面质量管理"始于识别顾客的需要，终于满足顾客的需要"。档案信息服务的本质决定了档案活动运行的动力机制是在根本上满足利用者的需求。没有需求或满足不了利用者的需求，档案信息服务便不可能长期存在和持续发展。因此，高校档案管理，无论是在战略设计和规划上，还是在技术、业务流程的设计形式上，或是信息资源的集成和开发上，都应始终贯穿着满足高校教学和广大教师需求为核心的基本原则，广大教师的满意度应当成为高校档案信息服务绩效测评体系中最基本的指标。

然而在实际的利用工作中，就高校档案利用者和利用目的而言，利用者多为行政管理部门人员且大多利用需求源于立档单位对其部门历史资料的查询，教师和科研人员利用档案较少，利用档案进行学术研究的几乎没有。而很多教师主要是因职务、职称、荣誉认定，成绩、学历、学位认证、身份、婚姻、财产公证等，需要向上级部门或权威部门提供档案材料而不得不走进档案馆。这种一次性的被动利用需求和狭隘的服务层面，使高校档案部门在整体工作中难以产生相应的旨在服务广大教师的内在驱动力，影响了广大教师对档案和档案工作的认知度和认可度，并最终成为教学档案工作发展的瓶颈。

（1）重视档案编研，增强服务能力。

高校档案部门要拓宽档案信息服务层面，首先应从现实出发，以挖掘现有馆藏资源为自身"生存之道"。教学档案的重点在于开发利用，而利用的最大价值在于对原始材料的提炼和编研。因此，对教学档案编研内容、编研形式、编研方式和编研途径的选择，成为提高教学档案服务水平的切入点。在教学档案编研开展过程中，应以高校教学、科研、管理需求为出发点，围绕高校重点、难点以及热点问题进行专题汇编。如在编研过程中，学校融合教学评估材料整理的一些方法，采取将所有零散材料串成系列汇编的方式展示，形成教案讲稿、试卷管理、学术信息服务、学生成绩、等级考试、教研活动、精品课程、重点课程、公开示范课程、特色专业人才培养模式改革、专业综合改革、卓越人才培养等专题汇编，这种全方位和整体性的编研工作，提高了系列教学档案的质量和管理水平，有助于教学档案利用率根本性的突破。同时要注重教学档案信息开发成果的推广，通过教育信息参考、报刊、展览、讲座、专题报告等多种途径和渠道将教学档案信息输送出去，真正实现其社会效益和经济效益。

（2）优化档案内容，提升信息内涵。

高校档案部门应以馆藏渠道的拓宽，馆藏结构和内容的优化为自身的"发展之道"。为改变高校档案馆普遍存在的教学档案门类单一和档案载体形式单一的问题，档案部门要加强对非文件材料和新型载体材料的关注，多留意报纸杂志有关教学新信息的报道材料，做好剪辑归档工作。在档案的征集和收集范围上，要打破信息资源保存机构的限制，以高校局域网为基础，积极推进校内教务管理信息系统、人事管理信息系统、大学生综合素质管理系统、各种办公自动化系统等多个管理信息系统的集成，实现最大限度上的信息资源整合。目前各高校已基本建立起局域网，形成教学、科研、管理的信息交流平台。分散于学校各行政管理部门和教学单位的具有保存查考价值的档案，可通过校内 Internet 的构建，物理归档和逻辑归档，实时或定期上载或通过 FTP 上传到内部网文服务器，进行集中归档保存；通过档案检索工具系统的建立，实现教学档案的真正开放。同时在校内档案信息资源整合和集成的基础上，可依靠全国高校教育与科研计算机网 CERNET 进而接入

Internet，逐步实现高校间教学档案集成管理与服务。

2. 实施全程控制，夯实管理根本

高校档案全面质量管理坚持"预防为主"的全过程、全方位管理，其管理工作的重点由传统管理模式的"事后把关"转变为"事前预防"，从管结果转变为管过程中的因素。而所谓的高校档案的全过程、全方位管理，就是对高校档案资料整个生命周期的各个阶段进行"全程管理"，就是研究工作方法，对管理过程实行"全程控制"。

（1）管理前期介入，统一规范标准。

在每学期教学活动展开之前，将教学档案工作纳入教学管理活动规划之中，根据教学活动内容、特点，制订教学档案工作计划，明确档案工作管理体制、归档标准、进度和质量要求、组织和经费保障等内容。健全的管理体制和工作网络，为教学档案工作提供了组织保障；完善的档案工作制度、档案分类方案、文件材料归档范围和保管期限表等业务规范，为各立档部门在文件的形成、积累、整理、归档过程中提供了工作依据。在教学档案工作展开之前，档案管理部门通过召开会议、举办培训等方式，提高立档部门对教学档案工作的认识，统一教学档案工作规范标准，明确各立档部门职责，为教学实施阶段大量文字材料的归档管理打好基础。

（2）管理期中控制，实现同步监控。

高校档案是高校教学质量控制的凭证和载体，其作为教学管理活动不可分割的部分，使得档案工作和教学工作同步化管理成为可能。高校档案质量的全过程、全方位控制，可通过将其纳入完善的高校教学质量保证体系之中来实现，即高校档案工作关联部门在教学任务的布置时把教学档案的"形成关"，教学成果验收时把"归档关"，教学检查时把"质量关"，教学总结时把"整理关"，最后由档案部门把"审核关"，在教学质量严格的监管、层层把关中，使教学档案从积累、归档到移交都处于受控状态。在具体的教学档案管理实施过程中，学校各教学单位推行预立卷制度，在学校规定归档时间之前，通过实时或定期的方式将教学过程中形成的教学档案录入档案管理系统软件，经档案管理部门检查，文件材料完整齐全，才允许实体档案进馆归档。教务管理部门在检查教学质量、进度时，同步检查教学档案资料的形成、管理情况；由于教务部门能参与教学全过程，对教学过程的每一个环节进行质量和进度控制，因此明确教学质量管理部门对教学档案工作的监督职责并落到实处，是实现教学档案工作全过程管理的关键所在。档案管理部门实行教学档案工作联络员制度，档案管理人员定期检查、监督和指导对口联系的立档部门的教学档案工作，考核教学原始记录和质量评定资料的形成与管理情况。

（3）管理后期验收，开展总结反馈。

档案管理人员对收集的文件材料逐份检查，核查教学文件材料是否存在复印件、漏签字现象；核查文件资料记录是否完整、准确；核查形成的文件材料是否规范。对不符合归档要求的退回整改，同时将同步归档的电子文件和纸质文档数字化处理形成的电子文件，通过网传输给相关立档部门，实现服务和保存并举的目的。

3. 促进全员参与，扎实管理基础

各级人员都是组织之本，唯有其充分参与，才能使他们的才干为组织带来"最大的收益"。高校档案全面质量管理活动需要高校各职能部门各层次人员的参与，只有充分调动广大教师参与的积极性，才能从根源上保证教学档案质量管理体系的预期收益。

（1）构建管理网络，细化全员责任。

为调动全员参与教学档案管理工作的积极性和落实全员责任，学校成立以主管教学档案校长为主任、相关部门负责人为委员的"教学档案管理委员会"，并依据《高等学校档案管理办法》，定期检查、指导教学档案管理工作。建立教学档案分级管理模式，在校级档案管理部门统一管理下，各教学单位建立教学档案资料管理室，对教学档案实行校、院两级管理；形成以"教学档案管理部门—教学单位教务办公室—教学科研科、学生科"为主线的教学档案管理网络体系。实行层级目标责任制坚持"谁经手，谁负责；谁主办，谁预立卷"原则，将责任细化到每项职责、每个管理阶段、每个人员。根据教学档案管理责任人的业务工作及教学档案管理部分的工作量大小、难易程度及重要等级，制定切实可行、细化的考核标准和分值，并依据考核结果进行相应的奖惩，以确保考核的落实。需要注意的是，学校领导作为人财物等稀缺资源分配权的掌握者，其对教学档案的重视是高校档案质量管理体系运行有效的重要保障，因此明确和落实各级领导教学档案管理职责被视为全员参与的首要内容。

（2）加强档案宣传，强化档案意识。

档案意识是人们对档案和档案工作的主观映像，是人们对档案性质和价值的认识，对档案工作的性质、地位和作用的认识。档案意识越强，越有利于教学档案材料的有效收集，越能提高形成档案材料的时效性、准确性和完整性。档案宣传是提升高校教师档案意识的有效方式之一。高校档案部门应立足于现有馆藏，充分发挥教育基地功能，配合当前形势和学校中心工作，举办不同形式的档案展览宣传，如举办学校发展历史纪实图片展、大学生文化建设图片展等各类主题展览。展览的形式应多样化，如室内展览、网络展览、流动展览；展览的内容应具形象性、直观性，且不局限于档案自身的介绍，还应尽可能多的介绍档案的利用途径和方法，如在宣传档案信息资源开发成果时，公布馆藏情况，如《档案馆指南》《教学档案要览》《全总介绍》《特色档案资料目录》，提供档案馆详细地理位置图、查询电话和电子邮箱等，使广大教师对档案的认识，延伸至对档案机构、档案工作、档案人员等各方面。

4. 坚持持续改进，落实管理目标

质量是"一组固有特性满足要求的程度"。高校档案对教学和广大教师需求的满足程度越高，其质量越高，反之则认为其质量越差。为适应复杂的外部环境、满足教学和广大教师不断变化的需求，提高高校档案质量管理体系的有效性和适应性，持续改进成为高校档案质量管理的永恒目标。

（1）开展教育培训，提高综合素质。

"全面质量管理始于教育,终于教育"。质量教育是高校档案质量管理体系运行的基石,也是体系有效运行的切入点。因此,在教育培训的内容上,一方面要注重全面质量管理基本知识的教育。通过培训和引导,让高校档案涉及人员树立"质量第一""利用者第一""预防为主""持续改进"等意识,使教学档案质量管理工作临时性、突击性的习惯做法转变为日常工作中的持久性、一贯性做法。另一方面要加强档案管理知识和技能的培训。通过培训,提高高校档案专兼职人员工作方法或操作技能,为教学档案管理的规范化、标准化提供直接保证,为及时识别和改进需求并有效实施教学档案质量持续改进提供基础。在教育培训形式上,应积极创新,如将岗前培训和岗上培训相结合,全员培训和骨干培训相结合,日常培训和专题培训相结合等,以促进高校档案工作者整体素质的提高。

(2)构建反馈系统,完善服务质量。

高校档案质量管理信息反馈是持续改进教学档案质量管理的源泉,是一切教学档案质量活动的依据,是教学档案质量管理的"神经系统",它存在于教学档案质量管理的全过程。因此,要明确教学档案管理网络中各信息收集人责任、收集内容、收集周期、收集方式及传递途径等,形成一个纵横交错、流程最短、传递渠道畅通的信息网络,以保证高校档案管理反馈信息的时效性、准确性和真实性。如档案管理部门通过完善查(借)阅登记工作,建立用户联系制度,开展实地调查和电话采访,分发档案信息反馈表,编发档案利用社会效益、经济效益实例等方式以提高教学档案利用工作的反馈。其次,要加强反馈信息与高校档案管理新决策的联系,对于教学档案质量日常管理中发现的潜在或已暴露的问题,应结合具体过程、岗位目标和要求等,采取纠正或预防措施;而对于涉及较大范围或整体性的改进,需以高校档案质量方针和目标为导向,以数据分析、反馈信息等为切入点,建立基本工作规则和纠正预防程序,形成系统全面的持续改进工作结构,以促进教学档案质量管理螺旋式上升提高。

科学合理的高校档案管理是监控高校教学质量、提高管理效益、开发优化教学资源、提高办学特色和水平过程中的一项前提性、基础性工作。高校档案全面质量管理作为一种全员参与、全过程控制、持续改进的系统性工程,对高校档案和服务质量的提升、管理系统的优化和管理绩效的提高起到积极的作用。

第四章 校史文化的建设与发展研究

第一节 大学校史文化的建设与发展

大学校史文化是大学精神的载体之一。当前我国大学校史文化工作中存在着职能指向不清晰、展陈方式简单落后、校史文化荒漠化初现和校史变动频繁等一系列突出问题，只有加强系统的长效机制建设才能推动大学校史文化的繁荣发展。物质保障机制是大学校史文化实现繁荣发展的基石，校史文化资源建设机制是实现繁荣发展的抓手，校史文化资源可持续开发机制是校史文化研究可持续开展的关键，校史文化育人机制是确保校史文化"来源于人、作用于人"的根本，这四个方面相辅相成，共同构成大学校史文化繁荣发展的长效机制。

一、大学校史文化建设的意义

精神是人类文明区别于动物的最显著特质，大学精神作为一代又一代大学人努力开创、不懈践行、始终遵循的文化信仰，不是凭空产生的，而是大学办学实践在精神文化层面的凝聚和反映，只能来源于大学办学的历史实践。作为继承和发展人类文明的重要场所，当代中国大学的校史文化是高等教育历史发展的文化存在，是教育史、学术史、文化史、思想史的一个汇聚地带，是大学精神价值的具体承载，是一所大学区别于另一所大学的文化标志。

党的十八大报告要求高等学校紧密围绕立德树人的根本任务，进一步转变教育思想观念和发展方式，着力构建多样化的育人模式。大学校史文化作为高等学校自身特有的文化现象，既囊括了大学人自身的奋斗历史，也孕育着大学未来发展的精神力量。从全新的育人视角出发，全面加强大学校史文化建设，是当代中国大学进一步明确校园文化建设的价值导向、全面推进高校培育和践行社会主义核心价值观的必然要求。大学作为先进文化的重要引领者，既有责任也有义务通过校史文化建设，率先将大学自身的文化传统发扬光大。

大学校史不仅是一所大学发展轨迹的历史记录，也是一代又一代大学人筚路蓝缕奋斗办学的历史记录，更是一代又一代莘莘学子潜心求学、砥砺品行的历史记录。通过校史文化教育讲述大学人身边的故事，不仅能够增进大学人对于所在学校建设、发展历史的认同，也能够使他们通过对自身所处高校发展历程的认知和理解，进一步加深对全社会发展历程和发展道路的具体认知与理解。大学人基于对大学校史文化的认知和理解，一方面能够为社会主义核心价值观培育和践行活动提供一个落地生根的体验土壤，使之不再宛如广大师生仰望的星空，而是成为大家始终踏足的大地，获得一种体验感；另一方面能够使广大师生在了解自己的前辈、同辈、师长办学成就、奋斗历程或成长经历的同时，通过将自身的体验与同一身份、位置、层次的榜样相比较，从而最大限度地消除在社会主义核心价值观培育和践行实践活动中的被灌输感，最大限度地保持其作为受众现实体验的同位感，而这种同位感是基于设身处地的平等交流而产生的，可以消除自上而下的被灌输感。

在社会利益高度一致、社会思潮较为单一、传媒技术和教育并不发达的前现代社会开展思想政治教育和历史观教育，教育者往往是强势的一方，接受者往往是弱势的一方，这也决定了受众个体自身的现实立场、切身感触以及现实目的往往处于被忽视的位置。现代社会发展的多元化、碎片化、复杂化在客观上已经决定了不同的社会子群体，甚至是不同的社会个体，在自身现实立场、切身感触以及现实目的等方面千差万别。倘以当前阶段的经历、感受、认知去看待前几十年的思想政治教育活动，必然将之视为简单灌输。在改革开放进入攻坚阶段和深水区的历史时期，社会利益的逐步多元和现代传媒的高度发达已经将整个社会思潮的多元化和碎片化推向了越来越深入的层次。当代高校作为社会认知和舆论传播的先导，只有通过积极开展社会主义核心价值观培育践行活动，才能为社会主义核心价值观的进一步凝练提供丰富多彩的实践舞台。

二、当代中国大学校史文化建设中存在的问题

2014年教师节习近平总书记视察北京师范大学校史馆，引起社会各界的广泛关注，说明校史不仅是大学精神的载体，也是社会文化生活甚至精神文明建设的重要组成部分，大学校史文化的建设已经成为一种社会需求。以清华大学校史馆为例，该馆2015年10月共计接待中央企业集团、部队系统、国内外院校、校内及社会各界人士等五千多人，其中预约团体68个，校史讲解53次。在这一背景下，校史越来越成为大学建设发展的重要资源，各大高校比过去任何时候都更加注重对自身发展历程的梳理，几乎每一所高校都设有校史馆或者类似的校史研究机构，研究、整理、编辑关于自身发展的史志、年鉴。然而，社会各界对于大学校史文化的重视和大学自身的种种努力却并未在真正意义上带来大学校史文化的繁荣，校史工作中仍存在各种问题，甚至某些发展性矛盾反而更加突出。

首先是职能定位不清晰。一方面，校史馆的具体职能不明确，很多高校校史文化机构只是为存史而办馆，并没有自觉地对校史文化进行整理、研究，更不可能在"增进办学人文气息，优化办学人文环境"的层次上推进校史文化建设。表面上看，这使校史馆成了校史资料的库房；而在深层次上，这极不利于社会大众对于高校人文气息的感触和了解，尤其是对于大学优势学科、专业和大师级学者的直接感触和了解。人们从社会途径获得的对

高校的了解原本就只是一鳞半爪，其中还常常充斥着校友中各级领导数目等功利性信息。在这种情况下，我们又怎么能够责备广大考生在考学择校时盲目注重学校名气、追求镀金效果呢？另一方面，校史馆的服务对象不明确。很多高校将校史文化首要面向的群体定位为"上级领导"，突出表现就是基本上只有上级领导来校"视察""调研"或"指导"工作时，才有机会参观校史展览馆，平时师生和社会人士要么对校史馆无意问津，要么只能望门兴叹。此外，著名学者、广大一线教职工和不断更替的学生群体在大学校史叙述中的地位不够突出，这也是校史文化工作服务对象模糊的表现。

其次是展陈方式简单，不能推陈出新。目前，全国有一千家以上的大学校史馆，绝大多数处于以校史文物收集、展陈和讲解为主的发展阶段，并且绝大多数校史展览馆也没有进行现代化升级改造，设备老旧，陈列单一，缺乏现代化的综合展陈方式。在全国116所211工程院校中，只有57所院校在其官网主页上能够找到校史文化工作的相关页面或栏目，比例不足半数，其中首都地区的26所211工程院校中只有9所能够找到校史文化工作的相关页面或栏目，大约只占三分之一。目前，很少有高校面向广大师生开设校史文化课程或组织讲座，更谈不上生动活泼的校史文化活动或者运用新媒体进行校史文化传播。

再次是校史文化教育滞后导致高校学人代际联系缺失严重，校史文化荒漠化初步显现。习近平总书记在北师大校史馆对"林某某"的提问让在场的人一阵错愕，也折射出了当代中国大学校史文化的荒漠化问题。当代中国高校不同代际学人之间基于学校建设发展和经营管理的代际沟通严重缺失，"林某某"涉及的学校历史是新中国成立后不久，与国外大学动辄百年的历史相比年代并不久远，却已经无人能够解释清楚，更遑论大学生对早已退休的不同专业、学科的前辈学人的关注与了解。因此，校史文化教育的长期滞后已经到了相当严重的程度，消除大学校史文化的荒漠化是当代中国大学校史文化工作的责任。

最后是"人造"校史多发，校史变迁频繁。高校校史自大学筹备建设之时开始，至学校关闭为止，本来只是大学历史的记录和对未来发展的展望，然而当代中国大学在师资力量、优质生源和社会赞助等领域面临的激烈竞争，使各高校在高度重视自身历史的过程中，悄然将"高度重视"升级为"过度重视"，不惜生拉硬套、借尸还魂以拓展学校历史。种种人为地求古现象，不仅没有提升大学校史的品质，反而将大学校史置于一个"任人打扮的小姑娘"的庸俗层次，是对校史文化的极大伤害。

大学校史文化工作中存在的这些问题虽然比较突出，但都是校史文化繁荣发展过程中出现的问题和矛盾，可以通过加强制度建设加以解决。

三、繁荣发展大学校史文化的长效机制

一所大学的校史文化能够实现可持续地繁荣发展，需要一整套系统的长效机制，至少应包括四个子机制，即校史文化的物质保障机制、校史文化资源建设机制、校史文化资源可持续开发机制和校史文化育人机制。四个子机制相辅相成，共同构成大学校史文化繁荣

发展的长效机制。

（一）校史文化的物质保障机制

物质保障机制是校史文化实现繁荣发展的基石。校史文化不是产业，本身不会产生直接经济效益。因此，开展校史文化活动，必然需要持续的物质保障。这种物质保障可以分为两个层次：第一层次是战略规划上的重视，第二层次才是直接物质条件支持。

大学从战略规划上对校史文化的重视是大学校史文化繁荣发展的重中之重。战略规划是当代中国大学在日渐激烈的高等教育竞争中立于不败之地的根本。战略规划上的重视是指学校在制定整体发展规划时，要充分认识到校史文化在学校发展全局中的重要地位，包括对于校史本身的历史资源高地优势、凝聚和孕育学校学科特色的优势、师生思想政治引领的文化优势、作为校园文化发展脉络的经验优势等的认识。只有在大学整体发展规划中充分认识到校史文化在学校发展全局中的重要地位，才能将校史文化的发展要求体现在学校各项事业的发展中，才能在全校形成推动校史文化建设发展的共识。

与战略规划上的重视相对应，高校人、财、物等物质资源也应按照战略规划向校史文化工作领域倾斜配置。长期以来，高校校史文化工作依附于校党委办公室、党委宣传部、档案馆等原有工作职能明确的部门，很难得到战略规划层面的重视，可持续的物质资源投入自然相对匮乏。由此造成校史文化工作队伍力量薄弱，人员缺失、老化，兼职现象严重。只有给予校史文化工作持续不断的稳定投入，才能为校史文化工作注入可持续发展的活力。这种稳定投入包括人、财、物三个方面：人主要指优秀访谈人员和研究人员；财主要指开展校史资料征集和校史文化活动的经费，以及校史陈列室现代化升级的费用；物主要指校史文物展陈、校史文化教育以及校史文化活动的场所以及相应的现代化展陈设施。基本的物质保障是大学校史文化工作繁荣发展的前提。

（二）校史文化的资源建设机制

校史文化资源主要指与学校历史相关的各种图、文、声、像、物等资料，如老照片、新闻报道、回忆文章、录音带、录像带、具有纪念意义的证件、徽章和书本、老校区遗址等校史文物资源以及其他精神文化资源。校史文化资源建设机制最根本的着眼点是进一步丰富校史文化的文物资源库，做好校史文化资料的收集整理工作。校史文化资源建设机制包括三个子机制：面向校友的校史文化资料收集、面向当前学校发展过程的校史文化资料收集、校史文化资料的整理。

校史文化资料的收集首先要面向老校友展开。一方面，校史是维系母校与校友之间联系的重要桥梁，通过校史文化活动可以把老校友很好地聚集起来，使之成为大学建设发展的重要力量；另一方面，校友也是校史文化工作的重要资料来源，他们曾经刻苦攻读的求学经历，是当今时代学弟学妹们可以参照的重要标杆，他们的口述访谈或撰文回忆，都是校史文化资料的重要来源。

校史文化资料的收集还应着眼大学各项事业当前的发展。校史文化工作必须服务于学校发展的整体布局。一方面，大学发展的每一件大事，每一个印迹，都是校史文化资料收集的对象，及时收集更便于第一手材料的获取，避免散佚和失真；另一方面，从校史文化资料的收集角度来看，每一届学生都是未来的校友，若干年后都是校史文化资料的直接来源。大学校史文化工作部门完全可以在学生工作系统和学校人事部门的协助下，为每个入校学生或毕业生和入职教师保留一段对学校期望或祝福的影像资料，现在自媒体手段如此发达，完全可以让大家自己用手机摄制完成后自行上传到指定系统，由相关工作人员分类整理保存即可。若干年后当他们都成为校友再回母校的时候，找出这些影像资料在大屏幕上滚动播放，必然能勾起他们对大学生活的回忆，从而加强与母校的感情联系，这就是人文时代校史文化个性化的魅力。

校史文化的第一手资料收集完成之后，必须经过整理才能成为校史文化研究的基础材料。因为，很多材料可能因为主客观原因，存在讹误、错漏等问题，需要进行鉴别整理。以中央团校、中国青年政治学院为例，中央团校于1948年9月在河北省建屏县(1958年并入平山县)两河村成立，并于当月举行第一期学员开学典礼。目前关于第一期学员的人数，至少可以见到六种说法：①中央团校首任校长冯文彬1948年9月18日向周恩来报送的中央团校课程表计划及学员情况统计表中记载，首期学员男生330人，女生17人，共计347人；②中国共青团网团史展览馆板块团史纵览栏目记载，1948年9月中央团校在河北省平山县两河村正式开学，第一期学员488人；③中国青年政治学院中央团校主页上学校概况板块学校历史栏目记载，1948年9月来自各解放区的青年干部和平津地区的党的地下工作者500多人，在当时党中央所在地河北平山县参加中央团校第一期普通班学习；④中央团校首期学员王杰的孙女王文婷回忆爷爷的讲述时说，首期学员有600多人；⑤共青团中央团校中国青年政治学院编写的《共青团中央团校中国青年政治学院志(1948—1998)》记载，第1期从解放区和国统区抽调大批青年学生和干部参加培训，共有708人；⑥首期学员李纯回忆，学工人员近千名开往良乡，其中600多人参加接管天津工作，留在北平的200多名学员参加了丰台、石景山、长辛店等地的军营。这样就需要经过一个整理鉴别的过程：中央团校第一期1948年9月开学时的人数最准确的应该是校长冯文彬上报周恩来的347人；随着各解放区推荐学员陆续抵达西柏坡，学员人数可能有所增加；1948年12月开始，在全体学员分散参加接管平津工作、学校逐步迁往河北良乡(今属北京房山区)的途中，又举办了一些短期班、短训班，由此使得首期学员人数出现了多个版本。诸如此类的校史问题，是校史文化资料整理必须积极面对、着重解决的问题。

（三）校史文化的资源可持续开发机制

校史文化资源的开发是校史文化工作的关键环节。校史文化资源的开发环节最根本的使命在于使丰富翔实却又驳杂零碎的校史文化资源形成系统，构建一个关于大学从无到有、从小到大、从不发达到发达的整体发展脉络，并通过这个发展脉络，展现出中国大学人求学求真、实干兴校的精神风貌。因此，大学校史文化资源开发从根本上来讲就是校史文化的研究工作，校史文化资源可持续开发机制就是校史文化研究的可持续开展机制。

首先要推动校史文化研究队伍的建设。如果说校史文化资料收集整理工作最好是由专门的校史文化工作人员负责，至少也要以校史文化工作人员为主，由校史文化工作人员主导，那么校史文化研究队伍则完全可以由相关专业的兼职研究人员来做，尤其是专业的历史学家不能缺场。此外，相关学科的发展史及相关的学人史，完全可以委托相关领域的学者进行研究，校史文化工作部门只要提出相应的研究方向即可。方式上既可以采取广撒网式的请每一位教授都撰写研究小传，也可以就校史上的特定事项开展专题研究，委托相关当事人进行专门研究。只有研究队伍广纳贤才，研究和成果才不会千篇一律，才能使校史文化更加丰富多样。

其次要明确校史文化研究成果的取向。校史文化研究成果并不一定多么精深，但一定要让人感觉可信、可读。可信是指校史文化研究成果一定要建立于确凿的校史文化资料基础之上，绝不能是生搬硬套、牵强附会之作。这就要求校史文化研究人员面对校史资料时，一定要采取历史主义的态度和方法，考镜源流，鉴别史实。可读性则是指校史文化研究成果的人文品质。除带有存史性质的史志年鉴作品必须严谨、翔实、全面外，校史文化研究成果一定要突出人文品质，即以"人"为研究主轴和出发点，绝不能陷入"见物不见人"的误区。人文品质的体现可能是一件件的小事，但读完几件小事之后在人们脑海中就能清晰地勾勒一个大学学者或者青年学子的形象，不仅见贤思齐之感油然而生，更可展现该大学的精神风貌，比那些读了好几本却让人无法说出一所大学与其他大学有什么实质区别的校史著作强千百倍。

最后要注重校史文化研究成果的转化形式。好的内容也需要相应的形式来呈现和传播。大学校史研究成果对大学发展脉络的呈现，可以通过校史文物展览陈列、文字材料、纪录片等多种形式实现。不同的实现形式，一定要辅之以相应的传播手段，否则再好的研究成果也难以传播出去，特别是信息极度发达的今天，必将湮没在现代化的资讯汪洋之中。校史文物展览陈列形式在动员更多的人参观校史展陈的同时，还可以把校史文物电子化，或者拍成电子照片做成网上陈列室；文字形式则可以通过书籍、报纸等媒介影响读者；如果是纪录片则可以通过电视台、网站等进行传播。当今时代自媒体和手持终端高度发达，使得手机浏览挤占了越来越多的阅读阵地，校史文化研究成果可以充分利用手机新媒体（如微信朋友圈）进行传播，既能够降低传播成本，又可以极大地扩展影响力，尤其是在读大学生之中的影响力。

（四）校史文化的育人机制

大学校史文化育人机制的根本使命在于使更多的人从校史文化的影响中获取成长发展的正能量。这一机制包括两条根本路径：一方面使校史文化能够吸引、影响更多的人；另一方面使更多的人融入校史文化之中。

当代中国大学校史文化要吸引、影响更多的人，除了以上所述，还要建立比较固定的校史文化教育课程体系。对广大教师尤其是青年教师来说，大学之所以存在，不仅仅在于给学生传道、授业、解惑，也不仅仅在于获得一个安身立命的就业机会，大学的终极价值在于在富于想象的探讨、学习中把年轻人和老一辈联结起来，在人与知识的互动中实现人文视域中的人生价值。对于广大学子而言，"通过学习校史，领略大师们严谨治学、博学多才、教学相长的学术风范和高尚的人格魅力以及崇高的精神风范，感受学校深厚的文化底蕴，潜移默化地对学生的精神世界产生影响，这有利于帮助学生树立正确的人生观、世界观和价值观，有利于帮助学生找到归属感、自豪感和荣誉感，有利于帮助学生找到属于自己的精神支柱和人生理想的坐标点。"因此，大学人对于校史文化课程的需求是明显存在的，通过合理的课程设计，完全可以推出兼具趣味性与学术性的校史文化课程，帮助每一个大学人与学校共同成长，成为校史文化的一部分。

当代中国大学要使更多的人积极融入校史文化中去，必须不断增强校史文化的可参与性。策划组织丰富多彩的校史文化活动是当代中国大学推动更多大学人融入校史文化的基本方式。具体而言，可以在校庆日举办校史文化节，通过各种形式来唤醒大学人对自己身边历史的记忆，促使更多的大学人认可并融入校史文化中来。还可以公开征集相关文章、书画作品等并择优表彰、公开展览。对于曾经在不同历史时期历经搬迁辗转的大学，还可以组织学生或者鼓励学生自发组织重走母校搬迁路活动，体验先辈师长创业兴校的艰辛历程。这种活动可能看似费用较高，但相较于单一的课堂说教，带有实践性的体验课程反而更能激发青年大学生的参与热情，因为青年人天生好动，喜欢体验尝试，反感简单说教。

第二节 特色校史文化与大学生人文素养

校史文化作为大学精神的重要来源，包括物质文化和精神文化，开阔大学生的视野和熏陶情感，对大学生人文素养的提升有着重要作用。构建特色校园文化景观、举办特色校园文化活动、开设特色校史文化课程、建设实地与网络校史平台是特色校史文化对大学生人文素养提升的途径。

高校校史文化是一所大学创办和发展过程的记录。优秀的校史文化影响着一代又一代大学生的学习风貌和精神生活，在无形中提升大学生的人文素养和审美评价，发挥着积极的育人作用。本节拟通过对校史文化内涵及其对大学生人文素养的提升作用探究特色校史文化影响大学生人文素养的途径。

一、特色校史文化的构成与内涵

校史文化是高校办学以来历史遗迹、特色建筑、器具手稿、优秀校风、学术精神等的总和，包括物质文化和精神文化。特色校史文化是其中最富于高校特色的一部分。

（一）物质文化

高校的物质资料为大学的创办和发展提供了物质保障，是特色校史文化的一部分。特色校史文化中的物质文化可分为三个方面：地域文化影响、校园景观构建和学术资料留存。

高校建设依托于所在的地域，地域文化对高校产生不可磨灭的影响。民国的特殊地域历史影响着南京高校的校址选择和建筑景观，南京大学和东南大学留存的民国建筑就是民国地域文化的生动印证。另外，办学过程中的校园景观是物质文化的重要组成部分。高校运用校训或是具有特殊意义的人物为建筑景观或学院、实验室命名，例如南京信息工程大学以校训"明德格物，利己达人"为教学楼命名为"明德楼"，浙江大学为纪念竺可桢先生将学院命名为"竺可桢学院"。这使得千篇一律的物质景观有了校史特色，在感怀校史、铭记校训的同时也增强了大学生对学校的认同感。此外，建校以来师生们在学术研究、教学实验、学习生活过程中产生的手稿、器具、实验成果等共同构成校园物质文化。

（二）精神文化

特色校史文化中最重要也最具备育人功能的是精神文化。在高校发展过程中，涌现出一大批优秀的先辈和校友，发生了一次次重要的历史事件，积累了丰富的精神文明遗产。他们严谨治学的学术态度、艰苦朴素的奋斗历程是学校宝贵的精神财富，为高校学子提供了鲜活生动的榜样。在重大历史事件中，高校的抉择都体现了学校的办学理念与特色，也作为精神遗产为后来的制度改革提供参考。

校史文化的精神蕴含在校训、校徽、校歌等表现形式中。它们体现着学校一开始的办学理念，凝结着数代人的优秀精神遗产和对后来学子殷殷期望，既是校史文化和特色精神的记载和反映，又承担着教化和引导学生的重任。

二、特色校史文化对大学生人文素养的提升作用

校史文化作为富有高校特色的物质和精神文化，不仅增强了学生对学校的认同感和责任感，更在无形中提升了学生的人文素养，开阔了学生的创新视野，塑造了学生的审美感受。

（一）精神的感召，特色校史精神的发掘与继承

校史文化处于历史的洪流之中。地域历史影响了校史文化的走向，学校演变成为地域历史发展的缩影，二者水乳交融、不可分割。加深大学生对校史文化的理解就是促进对历史知识和地理知识的了解，有利于提升大学生的文史哲知识和人文素养。

其次，促进学生接受优秀校史精神是校史文化提升大学生人文素养的重要体现。在当代高校发展的过程中，校史精神的内涵被不断丰富。艰难奋斗的精神提醒我们不忘初心，开拓创新的精神激励我们敢于创造，革命自强的精神勉励我们牢记信仰。其中最有特色的是红色校史。红色校史主要通过历史片段、典型人物、校训校歌等形式，具体生动地体现

老一辈无产阶级革命家、教育家和一批先进知识分子对共产主义的由衷信仰和为争取民族独立、国家富强的坚定信念。例如，井冈山大学作为依托红色校史而发展的大学，深入挖掘红色校史资源并运用于学生教育工作，成立"井冈山大学中国共产党革命精神与文化资源研究中心"。在发掘红色校史、加强学生爱国主义教育的同时向全社会加以发扬。

（二）视野的开阔，特色专业学科的引领与融合

行业特色型大学是国家高等教育的重要组成部分，长期以来为国家经济社会的发展特别是行业的发展和科技进步做出了突出的历史与现实贡献。这些大学有着独特的校史渊源和特色文化，特色的专业学科潜移默化地影响着学校课程的设置，校园活动的开展和校园景观的形成融入校园生活的方方面面。理工科大学的文科学生通过对学校优势学科的了解提升科学素养，人文学科大学的理工科学生以此获得人文知识。这些特色专业学科在开阔学生的学术视野、提升学生的综合素养的同时，促进迈向综合性大学的历程，推动跨学科的交流与融合。同时，特色学科发展历史悠久，拥有相对完整的科技体系和创新平台。学科的引领作用激发了整个学校师生的科研热情和创新精神。

（三）情感的熏陶，特色地域文化的感知与领悟

在文化全球化的大背景下，地域文化的特色显得弥足珍贵。高校地处各个富有文化特色的城市，地域文化对高校学生有着独特的感召作用，成了大学生人文素质教育的新载体。南京的六朝文明和民国遗事传播着魏晋风度和爱国思潮，西安的汉唐文明和丝路交流诉说着盛世情怀和民族融合，上海的沪上风雅和开放浪潮书写着文化繁荣和与时俱进，是大学生最生动自然的教科书。

更具体的地域文化——校园景观，更对大学生有着不可磨灭的影响。富于空间美感的校园景观提升着大学生的审美趣味，富于文化特色的校园景观加强对大学生的情感熏陶，富于历史底蕴的校园景观赋予大学生人文情怀。具有特色的校园景观驱使着审美意识形态下的活动，负有盛名的散文《荷塘月色》就是面对校园景观即景抒情产生的文学创作。

三、校史文化提升大学生人文素养的途径

校史文化对提升大学生的人文素养起着积极作用，拓展校史文化发挥作用的途径是提升大学生人文素养。

（一）构建特色校园文化景观

地域文化的观照是提升大学生人文素养的有效途径，而校园景观是体现地域文化和特色校史文化最直观的方式。首先要通过对地域文化和校史文化中优秀精神文明的挖掘寻找富有学校特色的物质留存和精神遗产，其次将这些物质留存和精神遗产融合于校园景观的构建和校园建筑的命名。比如，南京信息工程大学以"长望塔"纪念涂长望先生，以"藕舫园"纪念竺可桢先生，校园内的装饰选用体现气象学科特色的二十四节气壁画。

特色校园文化景观有时是为了纪念对学校做出过杰出贡献的人物，有时是由于学校特殊的专业特色或学术活动，有时是受学校办学过程中的重大事件影响。但不论何种原因，它们都对在其间生活、学习的大学生产生潜移默化的熏陶，增长学生的校史文化知识。

（二）举办特色校园文化活动

当代大学生的文化生活越来越丰富，对文化活动的需求越来越大。举办特色校园文化活动是使学生代入优秀校史精神的举措。体现学科特色的文化活动能发扬优势学科，促进学科交流。以大气科学为特色学科的南京信息工程大学就通过举办气象摄影大赛、气象明信片设计等活动发扬学科特色，促进多学科交流，增强全校师生的集体认同感。

追忆校史精神的文化活动能唤醒校史情怀、指引当前道路。南京信息工程大学通过南信大精神大讨论发掘了校史精神中具有跨时代意义的优秀精神在全校范围内推广宣传，发挥着指引作用。

（三）开设特色校史文化课程

随着高校教育体系的不断完善和发展，可供学生选择的特色课程越来越多，有专业方向的延伸，也有课外知识的拓展，有自然科学的科普，也有人文社科的熏陶。校史文化选修课程的开展可以使学生在课堂上了解校史知识，从而发自内心地认同学校、热爱学校，激发学生的奋斗热情。南京信息工程大学开设的校史选修课"气象史话"通过对学校办学历程的讲授拉近学生与校史的距离，使校史不再是封存的记忆，而是形象的故事和鲜活的精神。

（四）建设实地与网络校史平台

校史馆是高校弘扬和传承校史文化的现实载体，通过校史馆，参观者可以直观、真切、细腻、近距离地接触校史文化符号，真正将校史文化内化于心、外化于形，实现校史文化的育人功能。校史馆能够通过文物器具直观地将校史展现在参观者的面前，最大限度地激发参观者的同理心。因此，首先要整合校史物质资源，将实物宣传与照片宣传结合起来，反映办学历程。其次要适时举办由校史延伸的各种活动，比如口述校史、编撰校史人物志等扩大影响。

另外，信息化时代，校史的数字化是校史馆建设的重要举措，要建设完善的网上校史馆。比如南京林业大学建立专门的校史馆网页，以3D全景的模式将校史馆的景观和内容数字化，使读者在浏览网站时获得参观校史馆的审美感受。设置校史公众号等网上平台与读者互动是行之有效的举措。

第三节 校史文化与高校思想政治教育的创新

高校思想政治教育对大学生精神层面和价值观念层面的建设发挥着重要的作用。然而，当前许多高校思想政治教育存在内容枯燥、方法单一、话语影响力不够以及教育环境复杂等困境。探析其困境产生的原因，利用校史文化丰硕的教育资源、多样化的教育形式、生动的话语体系、良好的教育环境对高校思想政治教育困境进行改善，推动高校思想政治教育的创新。

创新高校思想政治教育，是新形势新任务下加强和改进大学生思想政治教育，培养中国特色社会主义事业合格建设者和可靠接班人的迫切需要，也是进一步贯彻落实中央31号文件的重要内容。近年来，利用校史文化开展大学生思想政治教育工作，充分挖掘校史文化的思想政治教育功能，已在部分高校展开，大学生思想政治教育工作者结合实际工作围绕校史文化的思想政治教育功能、校史文化在校园文化建设中的作用等方面发表了少量研究论文。然而，纵观这些研究成果可以发现，立足于当前思想政治教育的不足与困境，利用校史文化创新高校思想政治教育的研究尚不完善。本节拟在这方面做些探讨，以期对提高高校思想政治教育实效性有所裨益。

一、高校思想政治教育面临的困境

（一）教育内容枯燥

众所周知，高校思想政治教育的内容主要包括国家在受教育者中进行爱国主义、集体主义、社会主义的教育，进行理想、道德、纪律、法制、国防和民族团结的教育。从当前来看，高校思想政治教育的内容枯燥，在于大多是些束之高阁的高深政治理论、政治观点等，承载内容的教材大多是些理论性、政治性过强而实践性过弱的篇幅，过分注重思想政治教育的课堂形式、理论概念。换句话说，高校思想政治教育内容的枯燥在于其与现实生活脱节，特别是偏离大学生的日常生活，偏离大学生的思想实际，没有结合现阶段我国大学生的思想发展水平进行针对性教育，且对于大学生们关注的热点、难点问题极少涉及。这样不可避免会导致高校思想政治教育的内容缺乏实践基础和现实生活根基，变成了枯燥空洞的说教。

（二）教育方法单一

高校思想政治教育方法是实现教育主体、客体双向交流的纽带，是架设于教学内容和教学目的之间的桥梁，改善教育方法单一的困境是创新高校思想政治教育的必由之路。现阶段高校思想政治教育方法的单一性主要体现在两个方面：一是教育渠道单一。从当前来看，大多数高校存在思想政治教育渠道单一现象，即开展思想政治教育时，只是单纯地利用显性思想政治教育渠道，没有科学地利用或开拓隐性思想政治教育渠道；单纯地利用思想政治理论课这一渠道，其他的思想政治教育渠道形同虚设。二是教育方法单一。许多高校思想政治教育没有考虑到学生的差异性和个性化，也没有把思想政治教育与多样化的实践活动、学生的日常生活等结合起来，多以"课堂灌输"方法展开，学生则处于被动地位。

(三)教育话语影响不够

思想政治教育话语是指思想政治教育的符号形式和内容表达,它作为思想政治工作的唯一语言载体,对思政工作有效地开展起着关键作用。尽管如此,高校思想政治教育话语并未得到应有的重视,依然有诸多问题,其中最突出的问题为解释力、表达力以及感染力不足。无论是在思想政治理论课教学或是社团活动、入学教育等,许多高校的施教者所使用的话语不能"接地气",过分强调"哲学意义的价值话语"而无视"日常生活的价值话语"的现象随处可见,"嚼老话""说套话"比比皆是。思想政治教育话语的影响不够、话语的苍白无力,不仅会影响到大学生对于高校思想政治教育内容的理解,更会引起大学生对高校思想政治教育的厌烦心理。

(四)教育环境复杂

大数据时代的大学是一个自由开放的教育环境,极其复杂,不仅表现在全球化趋势下复杂的国际环境,还表现在社会转型过程中复杂的社会环境,更表现在快速发展下复杂的校园环境。对于国际环境而言,随着全球化的不断加剧,西方各类社会思潮、社会现象等海量的信息涌入中国,鱼龙混杂,对于价值观、人生观、世界观正在形成阶段的大学生而言,不可避免地会受到不良信息的影响,进而对主流的高校思想政治教育产生排斥。至于社会环境的复杂,主要表现在社会转型阶段我国经济快速发展,各类功利性强的思潮应运而生,充斥着社会思想领域,这也就容易促使部分学生片面认为一个国家的发展水平主要是靠经济,而思想政治教育可有可无,从而产生功利心态加强,忽视思想政治教育的倾向。新媒体环境下,大学校园也不再是封闭的"象牙塔",享乐主义、个人主义、拜金主义等不良意识形态通过网络等多种渠道渗透到高校校园,这些负面的观念不仅对高校思想政治教育产生了一定的冲击,更加剧了高校思想政治教育环境的复杂性。

二、高校思想政治教育困境存在的原因

(一)教育主体认知偏差

毋庸置疑,高校思想政治教育诸多困境的形成是与教育主体内在认知的偏差分不开的。而教育主体认知的偏差不仅在于教育者重视程度不够,更在于受教育者对于思想政治教育的态度不端。从教育者层面来看,无论是高校的领导还是教师、辅导员对于高校思想政治教育均存在一定的认知偏差。首先,高校领导对于思想政治教育工作缺乏应有的重视。有学者曾指出:"思政教学在各个高校教学体系中的地位很大程度上取决于各级领导的重视程度。"目前,我国许多高校领导将科研成果和教学效果作为大学生发展的重要指标,其中部分高校领导甚至因为科研教学成果的短期内可量化与思想政治教育的长期难见成效,而过分强调科研教学,避而不谈思想政治教育,将思想政治教育工作划分给极少数思想政治理论课教师,导致高校思想政治教育难以发展。其次,教师对于思想政治教育工作的不

尽责。现阶段高校的思想政治教育工作主要由辅导员和思想政治理论课教师来完成。由于辅导员本身需承担大量繁杂细致的、关系学生生活的现实问题，因而没有太多精力来从事思想政治教育。加之思想政治教育长期形式化的存在，导致部分高校辅导员意识不到思想政治教育的重要性，并在工作过程中自动屏蔽此方面的职责。除此之外，思想政治理论课教师供不应求是当前我国高校普遍存在的现象。换言之，大多数高校的思想政治理论课教师必须完成其他学科教师几倍的工作量，大班教学也就成为解决思想政治理论课教师人数短缺问题的主要方案。这样一来就不可避免地忽视了学生的个体差异性，难以将思想政治教育落实到位。

对于受教育者而言，大学生大多对高校思想政治教育表现出冷漠、厌倦甚至反感等态度。究其原因主要有三：其一，首因效应导致对高校思想政治教育不受重视。首因效应一般是指最初接触到的信息所形成的印象对人们今后的行为活动和评价产生影响。绝大部分大学生接触高校思想政治教育是由第一堂思想政治理论课为开端。然而，区别于其他专业课程的大课堂教育形式，立马会给予学生"思想政治教育不如专业课程教育重要"的潜意识，进而对整个高校思想政治教育抱以不重视的心态。其二，主体地位遭忽视导致对高校思想政治教育产生抵触情绪。现阶段许多高校仍旧秉持着传统的思想政治教育方法，即由教育者主导，以空洞的政治理论说教为主要内容。这一现象的长期存在导致大学生作为教育主体难以参与到教学中来，教育主体对于教学过程的影响力和参与度微乎其微。因此，大学生越发忽视高校思想政治教育与自己的相关度，进而引发厌烦、抵触的情绪。其三，认知跨度大导致对高校思想政治教育反感。高校思想政治教育属于高层次的思想教育，涉及内容多数上升至国家、社会等宏大视角。缺乏一定的低层次思想教育的奠基，直接灌输学生以高层次思想政治教育内容，不仅违背了认知发展由低到高逐层递增的规律，还使得大学生认为高校思想政治教育与自身成长难以构成联系，而产生反感心理。

（二）保障机制不完善

高校思想政治教育保障机制是高校思想政治教育工作机制之一，它是否建立健全、是否有效运行，直接关系到工作机制的建立健全和有效运行，继而影响到思想政治教育体制功能的发挥和思想政治教育的正常开展。然而，现阶段，许多高校思想政治教育保障机制的并未完善，进而引发思想政治教育的诸多困境。

一方面，高校思想政治教育物质保障机制不健全，这种不健全主要体现在人力、物力、财力保障方面存在缺漏。从人力投入来看，许多高校对于专业从事思想政治教育的工作者引进数量不足。在繁重的教学压力下，为数不多的从事思想政治教育的教师难以潜心研究高校思想政治教育的专项项目。此外，不少高校还将思想政治教育工作完全寄希望于思想政治理论课教师与辅导员进行落实，殊不知高校思想政治教育工作需要高校领导、学工部门、各科教师、学生干部等部门共同推进。人力投入的不足，不仅会影响高校思想政治教育者工作的积极性，还会在一定程度上缩减学生与思想政治教育的接触面。从财力的投入来看，部分高校对于思想政治教育建设未设立相应的专项研究基金，使得高校思想政治教育研究难以顺利开展。对于高校思想政治教育活动批复的经费也极其有限，削弱了思想政治教育活动组织者与参与者的热情。从物力投入来看，仍然存在部分高校辅导员没有固定的办公场所，或是辅导员没有配备办公电脑的现象。此外，学生活动中心作为学生进行思想政治教育活动的主要场所，其设备不仅简陋还常常出现损坏无人修理的状况，个别学校甚至还未设置供学生进行思想政治学习的活动中心等等。

另一方面，高校思想政治教育制度保障机制也没有受到应有的重视。一是制度设置科学性不强。许多高校思想政治教育工作缺乏相应的组织制度、领导制度、工作制度，各级领导和教育者工作职责不明确、工作内容有重叠。二是制度执行趋于软化。单纯地重视高校思想政治理论课而忽视日常思想政治教育工作落实；单纯地宣传党团活动而忽视学生社会实践活动；单纯地提倡知识文化水平的提高而忽视学生心理健康的教育……这些高校思想政治教育制度执行不到位的现象仍然屡见不鲜。三是制度监管存在疏漏。不少高校无论是针对学生还是针对思想政治教育队伍，均存在着组织管理松散，工作秩序混乱，反馈机制、监督和制约机制不健全，奖惩制度及评估制度缺乏等问题。

三、校史文化推动高校思想政治教育的创新

（一）依托校史文化丰富高校思想政治教育内容

校史文化蕴含着丰富多彩的思想政治教育资源，是一笔宝贵的精神财富。它不仅可以拓充高校思想政治教育内容，还可以促进思想政治教育内容更加生动，提升高校思想政治教育的影响力。其一，校史文化中蕴含着丰富的思想政治教育资源，有利于增强高校思想政治教育内容的丰富性。校史文化在记载学校历史发展沿革的同时，也展现了中国革命、社会主义建设和改革发展的轨迹，折射出国史和国情。因此，高校师生可透过校史文化，从高等教育视角对某一时段的中国历史进行深刻探析，挖掘校史文化中所蕴含的中华民族历史素材，拓充高校思想政治教育的历史资源。除此之外，校史文化不同层次所囊括的道德教育资源也为高校思想政治教育输送了大量的德育素材。具体体现在校史精神文化倡导的爱国主义思想、正确的价值观、人生观、世界观与高校思想政治教育高度契合；校史物质文化中寄托的先进事迹为高校思想政治教育提供补充；校史制度文化上表现的规章制度与高校思想政治教育中的法制内容可形成类比等等。其二，校史文化感性的材料有利于增强思想政治教育内容吸引力。高校思想政治教育内容多以理论形式存在，是抽象的，但理论内容需是具体的、生动的，故而可用校史文化现实感性的材料来支撑高校思想政治教育理论的骨架，将历届校友经验同当下大学生生活实践相结合，将感人肺腑的校史故事与理论枯燥的思想政治教育相结合，创新思想政治教育内容，提高思想政治教育的吸引力。

（二）凭借校史文化拓展高校思想政治教育方法

寓思想政治教育于校史文化之中，利用厚重的历史、丰富的故事，多样的形式对学生

的思想政治教育无疑是创新高校思想政治教育方法的有效途径。针对教育渠道单一的问题，可将"灌输和渗透"相结合，在重视显性的"灌输式"教育的同时，开发隐性思想政治教育渠道。如通过举办高校大型纪念活动，加强校史文化"过程育人"；又如开发校史文化产品，推动校史文化"传播育人"；再如依托校园景观建筑，发挥校史文化"环境育人"等等隐性的教育渠道，使教育者在不知不觉中接受思想政治教育。对于教育方法单一的问题，可挖掘学生身边典型人物、典型事例的"榜样示范法"，提高思想政治教育的实效性；可通过组织学生观看校史相关影视资料的直观教学法，增强高校思想政治教育的吸引力；可带领学生参观校办工厂或参观校园名人实验室或工作室的实践教学法，提高高校思想政治教育的感染力；可利用多媒体、网络加入 BB 平台网上课堂 (Blackboard Academic Suite TM 教育软件)、创建微博微信公众号播报校园时事等网络教学法，加强思想政治教育的开放性。这样一来，高校思想政治教育将在冠以校史文化外衣的基础上，借助多样化的方式方法向广大学生进行生动活泼的思想政治教育，进而真正做到习近平总书记所强调的思想政治教育"入脑入心"。

（三）依靠校史文化活跃高校思想政治教育话语

思想政治教育话语作为具有中国特色的话语体系，亟须增强其解释力、感染力和影响力，改善当前存在的空话套话困境。将高校思想政治教育话语植根于校史文化富饶的德育土壤之中，可为高校思想政治教育话语提供丰厚的文化滋养。首先，依靠校史文化将高校思想政治教育中过于宏大、书面的话语转化为细致入微的描述。校史文化以时间为轴线，细致记载着学校发展沿革的具体事例。因此，可依托校史文化为着眼点，将高校思想政治教育中高层次的教育内容通过校史文化故事性的话语进行表达，进而感染学生的情绪，引起学生的共鸣，增强思想政治教育的感染力和吸引力。其次，利用校史文化的具体事例取代高校思想政治教育中的灌输话语、形式话语。高校可以依靠校史文化中囊括的大量历史话语材料来丰富高校思想政治教育话语文本，用校史文化中的历史故事将"不接地气"的理论落地生根。以北京大学为例，该校可通过前校长蔡元培先生"思想自由，兼容并包"的经典言论促进学生树立正确价值观；可介绍毛泽东、李大钊等革命先驱对于马克思主义的信仰来坚定学生的理想信念；可讲述屠呦呦、王选等当代优秀科学家的先进事例来激发学生的创新精神。如此这般地将校史文化融入高校思想政治教育话语之中，有利于促进高校思想政治工作的创新。

（四）借以校史文化营造高校思想政治教育氛围

校史文化作为最贴近学生生活，最能引发学生共鸣的优秀文化资源，能潜移默化地感染和塑造学生的价值观念和行为方式，实现"入芝兰之室久而自芳，蓬中之麻不扶而自直"的教育效果，为高校思想政治教育营造了良好的教育氛围。例如，静置在校园中的亭台楼阁、名人字画等校史物质文化无时不对大学生进行爱国主义、理想信念、价值观念的影响和熏陶；又如高校广播中每日播报的校歌校训无时无刻不激发着学生爱校敬校的集体荣誉感；再如高校中随处可见的师生精神风貌、师生之间的人际关系无一不是对学生隐性地进行着优秀传统文化教育。这些渗透到高校学生日常生活中的校史文化，寓思想于无形，轻松营造了一个促进高校思想政治教育发展的教育环境，不仅有效地抵御了不良风气的侵扰，更有利于推进高校思想政治教育工作真正融入大学生的精神血脉中，进而鼓舞大学生伴随新时代的号角，树立起与这个时代主题同心同向的理想信念。

第四节　文化自信视域下校史文化育人路径

校史是一所学校各个阶段历史发展的记录，是建校以来历史积淀的真实记录，是高校师生教学、科研、学习实践活动中所留下来的宝贵遗产，能凸显一个学校的整体校风和精神风貌，是一个学校反观过去、思考未来的警钟。校史文化是文化的一种表现形式，文化自信是一个民族或国家在文化发展过程中存留下来的自我坚持。在多元化文化相互碰撞的当今时代，对价值观尚未完全确定的大学生们来说，文化自信是一项大的挑战。如果大学生们没有正确的认识和甄别选择的能力，就会使自己的文化认识出现偏差，也会影响自身职业发展和生活轨迹的未来走向。因此，借助校史文化育人功能，提升大学生的文化自信，也是目前高校在新时期的正确选择。

一、文化自信和校史文化育人功能概述

（一）文化自信内涵解析

文化自信是基于我国当代的文化发展现实提出来的，也是对我国中华文明价值进行的一个深切的感悟。文化自信是一种自觉的意识和责任，是一个民族、国家自身的文化价值得到认可的结果。文化自信是指主体对其所在文化环境的适应力和文化生命力的认可，是对自身文化价值的充分信任和情感托付，当外来文化冲击时，能够坚定信念，并坚持选择本土文化。作为国家的接班人和发展的后继力量，高校学生不仅要充分肯定和信赖本民族文化，还要以民族文化为自豪和给予情感依托，当外来文化涌入并冲击民族文化时，不盲目跟随和崇拜，仍然对本土文化持以坚定信念。但高校在培养学生文化自信时，不应该仅仅直接的、反复地灌输这些观念，而应调动所有的力量进行文化熏陶，对高校学生来说，校园文化和校史文化是最便捷、最具影响力的文化自信养成的源泉。

（二）校史文化育人功能剖析

文化是高校传承与创新的重要基础，每一所高校，都应当具有一定的物质条件，但是更为重要的是一所高校的文化底蕴和文化内涵，这就是每一所高校在岁月的洗礼和积累的过程中形成的文化沉淀和积累，文化是一所高校的灵魂和精神所在，办学的传统和人文的韵味以及校园风采都可以激励全体师生向着更好的方向大步前行，校史是高校历史传承、

文化积淀的外在表现。大学最根本的功能就是培育人才，高校人才培养影响力最大的是校园精神和文化传统，校史文化育人功能主要表现在：第一，增强学生爱校知校的情感认同。深度挖掘大学校史中的每一个精彩故事，站在当今时代角度去思考历史背后的精神和文化，并将这些故事展示给每一个学生，帮助他们更好地成长，让他们成为有创造精神和远大理想抱负的人才；第二，带动学生拼搏向上，校史中典范部分，如杰出校友、重大教学科研项目、各种模范代表等，激励在校学生树立远大理想，激发他们的创新热情；第三，促进文化创新，打造高校特色。校史文化是高校优秀文化传统的重要载体，是高校文化育人的最主要的手段，文化特色是彰显高校文化软实力的重要方面，校史文化指导文化活动创新，有利于培养学生的创新思维。

二、文化自信视域下发挥校史文化育人功能的重要意义

文化是民族认同感和凝聚力的直观反映，文化的这种作用同样适用于高校。当前，高校大学生正在人生转折点上，正是塑造新价值观，培养文化意识的关键阶段，文化培养和熏陶是十分重要的。反观当前高校大学生的文化素养，确实缺乏文化自信和文化自觉性。这正是由于我国教育政策的资源分配不够均衡，以及外来文化的冲击，而大学生对外来思想文化的接受力比较强，这也就导致高校大学生对自己国家的文化底蕴了解相对薄弱，盲目追随和崇拜西方一些外来文化，放大我国那些文化消极的一面，把落后归根于文化。从而，贬低自己国家的文化，由此相应的文化自信也就差很多。甚至很多大学生将我们国家的传统文化都已经列入了过时文化队列，例如"无私奉献""做好事不留名""个人服从组织"等传统文化。这种文化认识缺失和文化自信缺失，对一个民族来说是一个可怕的事情。最坏的结果就是，这可能导致其他外来文化慢慢侵蚀人们的思想，慢慢取代本国文化。所以，各种社会因素导致大学生开始对文化自信意识出现危机，盲目地推崇外来文化。作为一个拥有着优良文化传统的中国人，尤其是作为祖国接班人和未来建设者的大学生来说，应当更好地建立文化自信，提高自身素养和文化自觉性，而最直接、快捷的途径就是接受校园文化和校史文化的培养和熏陶。

校史文化在校园文化建设中起着非常重要的作用，而且这些作用都是值得学习和颂扬的、积极向上的，充分展现了学校校风和面貌。文化自信视域下发挥校史文化育人功能的重要意义主要表现在以下几方面：第一，校史是学校的文化中心。高校的文化建设，一方面是让全体师生正确认识世界观、价值观和人生观。另一方面是牢记校史，制造积极向上的氛围，宣传正能量。作为一个学校的基础文化，校史也起着重要作用。通过学校自身的演变和发展让学生们认识到整个校园，校史文化是最关键的内容。第二，校史是校园文化发展的根基，校园建设不是以某一个人或者某一个组织的需求为发展动力的，而主要是为顺应社会发展和社会需求，在高校自身的一些校务建设的推动下不断发展的。在校园建设发展的整个过程中，校史文化承载和记录着不同时期的校园变化，它所体现的精神方面的

价值要比物质方面的更为重要，发挥着主导作用。作为重要的文化根基，校史文化带动整个校园精神文化层面的蓬勃发展，但同时校史文化仍旧是最为基础的，主导地位不会动摇，它会不断积淀、不断发扬光大；第三，校史文化是校园文化建设的一面旗帜，一所学校如果没有独特的历史积淀，那么它的教学、科研等方面同样没有特色之处，只有从文化层面才能展现与其他学校的不同特质，每一所高校存在的意义，就是其独特的校史文化。校史文化是不可替代的，不受外界因素影响的，需要每一位师生去维护和传承。

三、文化自信视域下校史文化育人路径分析

文化是高校精神所在，文化自信视域下探索校史文化育人路径，目的是使学生在校史文化潜移默化的影响下提升文化自信：

（1）将《校史》设置为必修课，开展校史文化教育和校史文化创新活动。校史文化作为德育课程的组成部分，与课堂充分融合，传播高校历史沿革、办学理念、校园文化精神等。校史文化创新活动主要包括名师论坛、杰出校友演讲、校史特色文化展示等。借助校史与课堂学习的结合，让师生全方位了解学校发展历程和校园文化内涵，增强学生热爱和熟知学校的情感依托。

（2）营造浓郁的校史文化育人氛围。培养一支校史馆讲解的学生队伍，定期开展校史知识竞赛、校史文化演讲比赛、校史图片展、校史文化研讨会等等，并可以通过设定校史开放日的方式，邀请学生参与校史资料收集、整理、编研活动，安排学生采访杰出校友，开拓校史文化宣传渠道，激发学生了解校史文化的热情，这样，校史文化便可全方位影响高校学生文化自信。

（3）加强校史文化载体的日常管理。高校要建设校史馆，并填充丰富的档案实物，设置合理美观的艺术布展，增强静态文化载体与学生的交流。配备具有良好文化素养的讲解员队伍，充分发挥动态文化载体与学生的互动。并设立管理机构，加强校史文化载体的日常管理，抽象文化与馆舍实体双管齐下，潜移默化地影响高校学生文化素养，增强其文化自信。

（4）开拓校史文化育人交流渠道。随着新媒体技术的发展，网站、微博、微信、移动APP等新媒体传播平台拓展了校史文化育人渠道。新媒体传播平台具有传播快、共享性强、及时、个性化等特点，能便捷地将丰富的校史资源共享给高校学生，并借助他们的转发、推荐和评价等，充分发挥校史文化的育人功能。

第五节　校史文化内涵与大学生文化自信建设

中共十九大报告中再次强调要坚定文化自信，建设社会主义文化强国。在全社会文化

工作者对文化自信建设高度重视的大环境下，大学生作为未来对文化水平最敏感的一个群体，理应肩负起建设文化自信的重担，而校史文化所蕴藏的一所高校的深厚的文化底蕴是大学生在校最根本的文化自信来源。因此，高校深层探析与大学生最为密切相关的大学文化的重要组成部分校史文化与大学生文化自信建设的关系显得尤为重要。

一、校史文化在大学生文化自信建设中的重要地位

要明确校史文化对提升大学生文化自信建设的重要作用，就要搞清楚两者之间的关联。校史文化承载着一所高校的历史变迁和人文精神信仰，在建校以来的多年学生涯里，每个时代都会在当时的校园里涌现出一些符合当下实际情况的社会文化、校园潮流文化，但这些快餐文化往往是昙花一现，终将归属沉淀在校史文化的底蕴中并逐渐形成每所高校所特有的文化概念，这种文化概念在历史的长河中以师生整体为依托，形成独具高校特色的人文精神和治学理念，在潜移默化中传递给一批又一批的学子，学生在长期的校园熏陶中无形地会产生一种对母校特有的文化的自信和骄傲，因此要建设当代大学生的文化自信，就要着眼于对本校校史文化建设的地位，多层次、全方位、立体地将本校校史文化底蕴融入学生生活中。

（一）校史文化能够引领大学生树立正确的价值观

价值观，是人在一定思维感官的基础上做出的认知、判断、理解和抉择，是认定事物和辨别是非的一种价值取向，十九大报告中指出要培育和践行社会主义核心价值观，在着眼于民族复兴大任的新时代下，大学文化工作者不仅要把社会主义核心价值观的基本内容、基本要求融入大学文化、校园环境中去，大学生更应把社会主义核心价值观融入日常生活和行为习惯中。从近代高校史来看，一所高校的兴旺起伏都与实现中华民族伟大复兴的理想密切相关，校史文化的精神内涵是历代人文素养的积淀，因而对大学生在校的精神指引作用毫无疑问是不可忽视的。西油诞生于中国第一次石油大会战中，面对"中国贫油论"和石油大会战的急需，首任校长马载率领一批师生扎根于荒野中，秉承"把祖国石油落后帽子甩到太平洋去"的精神建立了中国第二所本科石油院校，建校近六十年以来弘扬"明德笃志，博学创新"的校训，发扬"为祖国加油，为民族争气"的大学精神，涌现了一批杰出校友，西油的建校史始终与国家的兴衰荣辱紧密相关，西油的校史记录了一代又一代的高校工作者以爱国主义为核心，将国家的命运与个人的命运所统一的高度爱国情结，为下一代的师生提供正确的精神导向，即将个人得失置于国家利益之后，树立高度的责任感和使命感，为祖国的富强复兴奉献自己的智慧和汗水，这与当代的核心价值观具有高度的统一和一致性。

（二）校史文化具有其特殊的教育意义

在西油建校之时，地域优势缺乏人才引进困难，正是在这样艰苦的条件下，西油师生白手起家，在中国历史上第一次石油大会战的背景下以坚定的信念、顽强拼搏的精神克服

种种技术困难和生活困难，献身到摆脱"贫油论"的新中国社会主义建设事业中。开拓创新、无私奉献是贯穿西油校史最鲜活的特点，影响着一代又一代的西油学子，将个人使命与国家的伟大复兴联系在一起，将个人理想目标与民族的繁荣富强联系在一起，树立民族自豪感和自信心，这就是校史内涵所彰显出来的教育意义，于潜移默化中引导学子未来的人生方向时刻与祖国的命运相连。

（三）校史文化是大学文化创新的源头

"出乎史，如乎道，欲知大道，必先为史"，正如校史承载着一所高校的灵魂，记载着它的兴旺、振兴之史，也必将是未来创造新大学文化的理论依据。大学文化是一种精神文化遗产，它存在的意义超过了普通的文化物质遗产，作为一种可流动、可传承的精神财富，它存在于人类永恒的历史记载中，校史文化作为大学文化的重要组成部分，在漫长的社会进步过程中，伴随着青年的思想进步和社会发展进程，前人沉淀下来的文化结晶记载到校史中，形成新的校史文化，后继的学子在这种新的文化氛围中熏陶，一代又一代学子在传承这种文化的同时又会对校史产生新的理解，这种理解不仅体现在对校史的深层解析中，而是对整个大学包括有形的物质文化和无形的文化熏陶有立体的、多层次的带有本校特色的解读，这种带有流动性的、可传承的认知最终也会作为校史文化的一部分伴随着其他带有时代性的创新改革的产物一起沉淀在大学文化深厚的海洋里，大学文化就在这种吸收新的文化元素的潮流中被下一代学子传承、创新。

二、文化和大学生文化自信建设途径研究

（一）大学生文化自信建设的创新概念

文化自信具体表现为文化主体对自身文化生命力的充分肯定，对自身文化价值的坚定信念和情感依托，以及在与外来文化的比较与选择中保持对本民族文化的高度认可与信赖。对于在校大学生来说，作为国家的个体，我们应对本民族的先进文化报以充分的肯定，在情感上对本国的文化产生依托感和自豪感，当面对与他国文化的交流和碰撞时，反对对于他国文化的盲目崇拜感和从众心理，坚定对本国文化的信赖感和高度认可，但学生个人的文化自信不应该通过生硬地将这些理念反复强调和一味地重复而建立，也不应该直接将这些观念强硬地灌输给广大学生，而可以以一种全新的方式来潜移默化地建立。

（二）新视角下校史文化建设的途径

1. 将校史文化全面融入课堂

课堂作为大学生学习知识的主阵地，将校史文化与课堂相结合无疑是提高有关校史文化问题在学生心中地位最直接的方式，是传达办学理念、育人精神、培养自信最有效直观的方式，因此校园文化工作者要完善校史的编纂，整理出相关视频资料、图片资料作为学习资料和依据，同时应由专业的西油校史讲解员或老师能将校史所涵盖的精神完整地向学

生传达，还可以定期邀请杰出校友来为同学们宣讲母校的成长历程，见证母校的发展，发挥校史的最大育人功能。

2. 鼓励学生参与校史宣讲

理论结合实践时才能达到更好的效果，在老师完成相关素质文化的课程讲解后，可以鼓励学生参与下一次的宣讲过程，当学生真正参与到校史文化课程的制作中去，才能更深入地了解老师真正想传播的精神，同时结合自己在课堂的感受弥补老师讲课的不足，帮助老师把握讲课时的状态和课程重点。

3. 让学生真正"摸得着"校史

所谓让学生真正看得见校史，就是不只让学生停留在历史事迹的学习上，还可以参与多种形式的活动，例如参与校史馆档案的归类，参与历史文物的收集活动、走访杰出校友的工作、探访优秀教师的活动中去，真正将校史文化精髓融入自己的自信中去。

4. 修缮校史文化的载体

重视加强"看得见"的校史，可以扩大校史馆的规模，完善校史馆的管理体制，在校园里竖立杰出校友的雕像或用专业里的杰出学者命名教学楼、街道或其他景物。

第五章 高校档案建设与校史文化的理论研究

第一节 高校校史档案征集的"四个结合"

校史档案是传承、创新高校文化特色和精神气质的重要资源,随着高校档案资源体系建设的不断加强,校史档案征集在高校档案工作中的重要地位日益凸显。本节针对高校校史档案征集中出现的一些问题,从"四个结合"的角度阐述了如何做好校史档案的征集工作。

、档案征集是丰富和完善档案馆馆藏的一个重要途径,是档案资源体系建设的基础。近年来,随着档案资源体系建设的不断加强,档案征集尤其是校史档案征集受到了人们越来越多的关注和重视,在百度搜索中输入"校庆档案征集"即可得出 527000 条信息。从百度搜索结果上看,高校校史档案征集大都集中在校庆期间,由于时间紧促,校史征集工作总是不尽如人意,往往征集到的资料数量少,内容较为零散,承载的信息量少且缺乏进一步的挖掘和研究,校史档案的利用价值没有得到最大限度的体现。如何使校史档案征集工作更具活力,展现出明确的目标和特色,笔者认为要从以下几个方面入手,做到"四个结合"。

一、校史档案征集要与当地文化、历史相结合

由于地理环境和自然条件等因素的作用,一个城市或地区会形成其独特的文化特征,地方高校身处其中,其校园文化自然带有区域文化的印记。高校文化是区域文化的重要传承者,地方则通过高校文化促进区域文化的繁荣创新。因此,高校校史档案的征集工作要与本地区的文化、历史有机结合,要从中挖掘出高校与地方一脉相承的精神内在,按照这一原则征集到的高校校史档案才能形成自己独特的精神气质和文化品质。

以我校为例,其所在地新乡市位于中原腹地、黄河之滨,自古以来土地肥美,农业发达,形成了繁荣的农耕文化,此外新乡又是历史上的兵家必争之地,这些因素最终促使形成了该地区人民温厚憨实、不求豁达却又英勇血性、不屈不挠的文化性格。我校在新乡办

学以来，与本地文化互补相依，留下了大量与当地文化价值取向和思维方式相同的活动资料，挖掘和征集此类校史档案资料对于形成我校独具的文化特色、培养大学生忧国忧民的爱国主义情怀和踏实向上的人生态度意义深远。

二、校史档案征集要与校园文化热点相结合

高校文化热点往往是大学生关注的焦点，反映了特定时期校园文化的主流方向和价值取向，是高校校园生活的主要内容之一。改革开放以来，高校校园普遍出现了求知、勤工助学、社会实践以及创业经商等热点现象，校园文化和社会文化实现了更为紧密的对接。高校文化热点具有鲜明的时代特点，校史档案征集的目的之一就是留存这些社会和高校发展的信息印记，还原历史真实。实践证明，校园文化热点的楔入使得高校校史档案征集亮点纷呈，成效突出。如我校每年举办的大学生科技文化艺术节，备受师生关注且已成为较为著名的大学生课外文化活动品牌就是校园活动的热点之一，目前相关资料经过征集整理逐渐形成了系统化、科学化、规范化的校史档案，不仅丰富了校史馆馆藏同时也为校史档案征集提供了一种可供参考的工作思路。

三、校史档案征集要与具体的主题相结合

目前最为常用的校史档案征集方法是学校向社会发出公告，向海内外校友、友人等征集相关资料，公告内容一般概括性较强，再加上公众对于档案的概念属性等不甚了解，所以征集到的档案内容空泛，利用价值低，结果常常不尽如人意。所以，征集校史档案确定各类档案的具体主题非常重要。高校校史馆大都设置了名人墙、校园建筑、科研成果展示、人才培养等展示板块，相应地征集校史档案时也要突出这些具体主题的要求，如一些著名高校向校内外广泛征集学术泰斗、将军等各类人才的相关资料并为之书写人物传记就取得了良好的征集效果。此外，校史档案征集不仅要主题明确还要可操作性强，要让提供者弄清楚自己手里的哪些物件具有档案价值且归属于哪一类，从而自觉重视并妥善保存或捐赠珍贵文物给相关档案部门。如在校史档案征集公告中"反映学校办学重大成就"这一项中主题陈述就过于宽泛，征集到的档案材料不能适合"重大成就"的征集要求就无法展览使用，这不仅打击了征集者的工作热情还会伤害到校友的感情。

四、校史档案征集要与档案编研相结合

表面上看起来，档案编研似乎与校史档案征集没有直接的关系，其实不然。一般来讲，档案编研的主要目的是深入挖掘征集来的档案资料中所承载的有价值信息，是档案征集的后续工作，但实践中，档案编研往往对档案征集发挥着重要的引导作用。虽然校园生活是多元多方位的，但校史档案却不是校园生活事无巨细的流水账，哪些资料文件具有突出的

社会价值、历史价值和参考价值是需要筛选的，而档案编研则为校史档案征集提供了有力的理论支持和经验帮助。高校是文化创新的主要阵地，理论上高校档案工作也应该走在社会前列，档案理论的研究工作应是高校档案工作的特点和重点，校史档案征集也是如此。许多高校撰写或修订了校史，在大量档案资料的基础上梳理了学校发展脉络，深入挖掘了学校的精神内涵和社会作用，为之后的校史档案征集提供了理论指导和思路方法，起到了很好的引导作用。

当然，高校校史档案征集不仅限于以上几点内容，在征集过程中还有许多经验方法可以注重采用，比如单位领导的重视推动，有效的媒体宣传，充裕的资金投入，提升档案征集工作者的专业素质等都在校史档案征集过程中发挥着不可替代的作用。校史档案征集还需要不断地更新观念、开阔眼界，在原有工作成绩的基础上创新工作思路和方法，彰显高校文化特色，为高校文化建设和发展增添亮色。

第二节　文化传承视觉下高校口述校史档案征集

做好高校口述校史档案征集工作功在当代，利在千秋。它是保护学校历史文化遗产、丰富优化档案馆藏资源的重要方式，是弘扬大学精神、推进校园文化建设的重要途径，是发挥校史育人功能、提升学校软实力的重要窗口。本节从分工构建、预期目标、基本原则、主要内容和具体实施要求等方面阐述，以期为新形势下高校口述校史档案工作提供借鉴。

近年来，我国高等教育事业稳步发展，高校社会服务功能和文化功能不断拓展，越来越重视梳理、凝练多年办学历程积淀下来的办学理念。口述校史因其视角独特、方式新颖愈来愈受到高校推广，成为高校修史重要的补充方式。口述校史档案的重要性日益凸显，高校围绕口述校史档案开展的征集采编、整理研究工作也越来越被重视。从学校发展亲历者的口述过程中抢救性地挖掘校史中的人或事，对于保护高校历史文化遗产、传承高校历史记忆具有重要作用。

一、高校开展口述校史档案征集工作的重要性

2016年4月，国家档案局印发《全国档案事业发展"十三五"规划纲要》强调，"十三五"时期档案工作要树立创新、协调、绿色、开放、共享发展理念，主动适应经济发展新常态。要鼓励开展口述历史档案、国家记忆和城市（乡村）记忆工程、非物质文化遗产建档等工作，有效推进档案资源体系建设，不断丰富和优化档案馆藏。

做好口述校史档案征集工作，是保护高校历史文化遗产、丰富优化档案馆藏资源的重要方式。有着悠久办学历史的高校必然积淀了丰富的人文情怀和内涵记忆，但时光流转，辗转更迭，不是所有的历史事物都能完好地以档案的形式保存下来，其中不乏重要的历史

被遗漏记载或文化遗产散落个中的情况。如有些高校档案馆校史老档案缺失较为严重，且有关名师的人物档案屈指可数。此外，馆藏档案多是呈现发展结果性质的，记录发展过程性质的较少。广泛征集学校离退休老教师的口述校史资料，有利于抢救保护高校历史文化遗产，填补历史空白，弥补档案文献不足，更好地丰富和优化档案馆藏资源。

做好口述校史档案征集工作，是弘扬大学精神、推进校园文化建设的重要途径。清华大学老校长梅贻琦先生曾说："大学者，非谓有大楼之谓也，有大师之谓也。"什么是大师？《资治通鉴》里提到："经师易遇，人师难遭。"大师应该是经师与人师的统一，也就是"道德文章，堪为师表"，不但有渊博的知识，有原创性、奠基性、开拓性、前沿性的学术成就，还能做到文以载道，是知识和品格完美结合的代表，是知行统一的典范。大学精神不是一朝一夕草草生成，而是经过多年办学、分和辗转凝练而成，浸透在大学办学特色、学科建设、校园文化建设的方方面面。而老教师的在校经历即是大学精神传承与发扬的最好见证和不可或缺的重要组成部分，他们用言传身教彰显着大学精神。

做好口述校史档案征集工作，是高校发挥校史育人功能、提升学校软实力的重要窗口。校史记载了学校多年办学历程的经验和特色，尤其是大学校史，浸润着大师、大气象和大学文化，不仅记录历史，而且服务当下大学现代化建设，给高校育人工作以启迪。校史育人功能的发挥可以多渠道得以实现，如依托校史馆开展校史校情教育、利用馆藏历史档案进行"6·9国际档案日"宣传展览等。同样，做好口述校史档案征集工作，也是发挥校史育人功能、提升学校软实力的重要窗口。从离退休老教师口述校史档案中了解校史、梳理校情，视角独特，方式新颖，史实形象生动，有利于加深大众对校史校情的理解，喜闻乐见、易于接受。

二、口述校史档案征集工作的分工构建

口述校史档案征集工作是一项系统性很强的工作，包括收集口述校史资料、确定采访对象、审定采访提纲、实地采访组织实施、口述校史资料编辑整理归档等具体事项，各环节紧紧相扣，仅依靠个别部门很难独立去开展、完成。这需要若干部门通力合作，并要有明确合理的工作分工，共同推进工作开展。

档案馆作为征集工作的牵头部门，负责整体进程的统筹规划，通盘考虑各环节的衔接，并重点负责后期口述校史档案的编辑整理归档工作。依托相关学院，抽调指导教师和从事实地采访的实践团队大学生，指导教师负责对学生进行采访内容、形式、摄像、拍照、录音工作的技能培训，和后期对采访视频、照片、录音资料剪辑和制作工作的指导；实地采访之外学生还要注重对采访过程中形成的文字内容、音像资料及时进行收集整理。离退休工作部门和相关学院要充分考虑健在离退休老教师的实际情况，做好拟采访对象的推荐、通知传达等对接相关工作。同时，可依托大学生社会实践团队建设平台，搭建"口述校史档案征集"大学生社会实践项目团队，以激发大学生的爱校热情，锻炼大学生的社会实践

能力和团队协作能力。

三、口述校史档案征集工作的预期目标

编辑、剪辑采访对象的视频专题片。围绕口述校史主题，选取校史相关信息内容，将碎片化的采访内容剪辑、整理成系统化的视频专题片。这种真实的、直观的、形象的视频资料是珍贵的声像档案资料，同时也是一部生动的校史专题宣传片。

出版、发行口述校史实录专题著作。实地采访结束后要及时对采访素材进行系统化整理，出版、发行口述校史专题著作。要充分考虑采访对象和读者的校史情感记忆，在记录史实的基础上更要突出情感共鸣的需求。

征集校史老档案。实地采访之时，广泛征集学校老教授、老干部、老党员、老模范的校史老档案。这些多年工作经历留下的老照片、老实物、老文件等珍贵的档案资料，真实地见证和记录了高校的发展历史，可以征集到档案馆，并精选一批合适的实物置于校史馆展览，以此见证校史、发挥校史资源和馆藏档案育人功能。

四、口述校史档案征集工作的基本原则

影像记录与文字记录并重。口述校史档案征集工作采用现场影像记录与文字记录同步的方式，以影像记录为背景，既自成资料，又起到完善补充文字记录的作用，相辅相成，以期呈现声像、图文并茂的采编成果。

收集资料与整理资料并举。口述校史档案征集工作以收集口述校史资料为基础，编辑、加工、整理口述校史资料是关键。没有收集，整理就是空谈，就失去了前提；没有整理，收集就会是一盘散沙，不能成型。收集资料与整理资料并举，两者缺一不可，是做好口述校史档案采编工作的两个重要环节。

口述与查证结合。口述校史采访多少会带有个人的主观色彩，因此在广泛征集口述校史资料的同时，后期编辑、整理要始终保持正确且清醒的认识，对征集到的口述校史内容要进行严谨的查证、甄别，做到口述与查证结合，不能盲目信从、一味采纳。

重视呈现校史面貌，兼顾采访对象的人生感悟和生命历程。口述校史档案征集工作主要围绕建校以来发生的重大历史事件和重大活动，重视呈现校史面貌；同时也要从采访对象个人经历和情感角度出发考虑，围绕采访对象生命历程和人生感悟，记录发生在他们身边的值得回味、感动人心、发人深省的人或事，展现大学大师们的治学之途、治校之路。

五、口述校史档案征集工作的内容设置和具体实施要求

口述校史档案征集工作的内容设置。以学校记忆为依据，以实施口述校史访谈为线，注重真实性、思想性和生动性，对离退休的老教授、老干部、老党员、老模范作校史专题

采访。围绕建校以来发生的重大历史事件和重大活动，描述、表达记忆中的大学；记录发生在高校人身边的值得回味、感动人心、发人深省的人或事；围绕生命历程和人生感悟，展现大学大师们的治学之途、治校之路。

口述校史档案征集采编工作的具体实施要求。①加强征集队伍建设。组建大学生采访与教师指导相结合的采编队伍，着重以大学生采访为主、教师指导为辅。前期指导教师做好准备阶段的校史知识培训、采访方法技巧和业务培训是关键，让学生对学校历史发展脉络有清晰的认识，以确保采编工作的顺利开展，同时，中期采访和后期整理的技术指导也不可放松；注重发挥大学生的主人翁意识，重点培养大学生的组织动手能力、团队协作能力和处理突发情况的实践能力，激发"爱校、荣校、兴校、强校"热情。②统筹遴选采访对象。口述校史征集采访对象有选择性和针对性，要提前梳理出校史中的重大活动、重要事件，以此列出与重大活动、重要事件相关的重要人物清单；并从不同学科且有一定社会声望的、媒体宣传报道较少但影响力较大的、经历学校办学时期较多且对学校发展情况较熟悉等方面综合考虑，遴选采访对象，且优先采访离休老干部。③科学制定采访提纲。为确保口述校史档案征集工作高效率、高质量完成，需要提前制定科学的采访提纲。既要尊重历史，也要遵循口述历史的一般规律，采访问题设计要合理、结构要紧凑，注重有意识地引导采访对象展开有主题、有针对性的回忆和讲述，做到分散和集中相统一，避免出现无边无际的散谈、空谈、漫谈情况。④突出校史情感记忆。口述校史档案是记忆情感的火花，它既要遵循一般校史档案的形成规律，又与一般校史档案不完全相同。它既要尊重历史，遵循档案整理规范化的要求；又要考虑到口述校史具有主观感情色彩的特殊性。这点决定了口述校史档案征集采编要在尊重历史的基础上，突出校史情感记忆，引起读者校史情感共鸣，推进校园记忆工程建设。⑤抓紧时间补缺补访。针对预约时间不合适、采访对象身体抱恙或采访信息不全等原因导致"一次"采访工作没有顺利进行而需要进行"二次"补访的情况，征集团队需要在后期抓紧时间补缺补访，趁热打铁，切不可将工作战线拉得过长，错过采编工作的最佳时机。⑥高度重视后期编辑整理，做好归档工作。前期采访素材的收集是基础，要想形成高质量的档案编研成果，后期编辑整理工作是关键。校档案馆要高度重视口述校史档案编辑整理工作，规范化整理，以确保口述校史资料的及时、高效归档。

口述校史档案是高校办学历史发展的重要记录，具有广泛的查考利用价值。做好口述校史档案征集采编工作功在当代，利在千秋。尤其是新形势下，国家鼓励开展口述历史档案、国家记忆和城市（乡村）记忆工程建设，近百年的高校沉淀了丰富的传统和悠久的历史，而我国高校口述校史工作起步较晚，时光流逝，有多少学校记忆留在师生、校友的心中？需要我们尽快建立起口述校史档案征集采编工作的长效机制，通过摄像、录音、笔录等新媒体技术手段，抢救濒予遗失的校史资料，做到收集要广、挖掘要深、整理要细、去伪存真，真实全面地还原高校历史面貌和发展历程，以更好地发扬和传承大学精神。

第三节　校史档案在传承高校特色文化中的实践

现阶段，许多著名高校向社会展现了其深厚的校园文化底蕴，其与高校自身独具特色的校园文化建设工作是密不可分的，因此，在特色校园文化建设过程中，校史档案的实践应用等方面是至关重要的。本节对校史档案在传承高校特色文化中的实践与研究进行分析探讨。

就高校日常管理工作来看，高校文化建设工作占据了高校日常管理工作的重要地位，针对大部分高校而言，通过开展独具特色的校园文化建设工作，有效吸引更多的新生，且能够让在校学生感到自豪，将一个独具特色的优秀高校呈现在社会面前。现阶段，许多著名高校均向社会展现了其深厚的校园文化底蕴，其与高校自身独具特色的校园文化建设工作是密不可分的，因此，在特色校园文化建设过程中，校史档案的实践应用等方面是至关重要的，本节就校史档案展开探讨和研究，提出了校史档案在传承高校特殊文化中的实践措施，突出其措施的作用和价值。

一、深入探索研究校史渊源

校史档案不仅仅属于高校的档案馆，也不仅属于某个人，它是高校内每位教师职工、学生的精神财富，所以，校史档案的探索与完善等方面工作，可以通过每位教师和学生的共同努力来完成，尤其是对于部分历史悠久与深厚文化渊源的高校而言，通过全国各地的校友，对与高校发展相关的文字、图像以及视频等资料进行收集整理，最终编写成较为完善的校史集册，促进顺利开展校史档案管理工作；校史资料的探索与收集过程中，其内容不应当仅限制在与高校发展相关的资料方面，还应当包含校园的精神内涵、办学宗旨以及办学发展等方面，使得校史档案变得更加丰富多彩，更加立体化。

二、根据校史档案建设特殊设施

在校史档案管理过程中，首先要建立与校史档案相关的特殊设施，由于校史档案具有较为广泛的概括性，就校园特色文化建设工作而言，采取多种多样的方式展示高校的特色校园文化，比如，校史档案中最具有代表性的特色设施就是校史馆，其主要用于存放高校的校史档案资料，并且根据档案的类型，分门别类地放置在陈列柜当中，校史馆对教师、学生以及社会外界人士实施开放式或者半开放式参观，就一般情况而言，在校史馆建设过程中，需要特别注意其装修风格与校史档案特色文化整体相符合，外观不用太过于复杂花哨，以淡雅、端庄为主，另外，还可以通过在高校里面建设校史主题公园或者是校史展示长廊，能够更加直观地展现出高校自身的文化特色。

三、加强校史档案管理

高校应当注重校史档案管理工作，采取有效的措施加强校史档案管理工作，主要体现在以下几个方面：第一，通过开展档案法的学习工作等方面教学活动，促使对档案法进行深入、全面的了解，使得高校档案管理工作人员、每位教师及学生均对档案管理相关法律法规有一定的了解，为高校顺利开展档案管理工作提供强有力的支持。第二，不断完善高校校史档案管理方法，主要包括校史档案的收集、管理以及证明等诸多方面，尤其是校史馆等建筑设施的定期检查和维护等工作，防止发生意外事故，如校史档案被盗和档案被损坏等。第三，随着我国互联网信息技术的不断发展，在我国各行各业发展中广泛应用互联网信息科学技术，使得我国逐渐朝着信息化、技术化方向发展，高校可以通过建立"校史云"等网络共享平台，校史档案利用网络的方式进行储存和管理，能够有效提升高校校史档案的安全性和科学性，另外，通过建立立体化的校史档案开发实践应用体系，从多角度和多个方面实现校史档案的实践应用。

四、根据校史档案编撰教材

在高校校园特色文化建设过程中，想要有效提高文化建设水平和丰富推广形式，可以通过将校园特色文化渗透至高校教育教学材料当中，将校史档案作为载体，截取校史档案当中的精华部分，将其融入高校教育教材之中，为高校教师、学生提供更加丰富的校园阅读材料，被认为是一种创新型的校史档案实践应用措施。例如，将校史档案中比较具有代表性的重大事件或者是人物传记等融入教材当中，非常容易引起大部分学生的关注，如若高校教育教学条件允许，还可以通过在选修课当中适当地加入校史等课程，方便广大教师和学生学习高校历史文化。

总而言之，就高校日常管理工作来看，高校文化建设工作占据了高校日常管理工作的重要地位，针对大部分高校而言，通过开展独具特色的校园文化建设工作，能够有效吸引更多的新生，且能够让在校学生感到自豪，以一个独具特色的优秀高校形象呈现在社会面前，现阶段，许多著名高校均向社会展现了其深厚的校园文化底蕴，其与高校自身独具特色的校园文化建设工作是密不可分的，在高校特色文化建设过程中，校史档案的实践应用等方面是至关重要的，通过采取多种多样的实践应用措施，如深入探索研究校史渊源、根据校史档案建设特殊设施、加强校史档案管理以及根据校史档案编撰教材等措施，突出了校史档案在特色校园文化建设过程中的重要作用，取得了显著的效果，就教育工作本身而言，通过宣扬正面、积极向上的校史档案资料，能够在教育中起到良好的引导效果，在高校特色文化传承过程中，校史档案起到了不可替代的作用，能够为高校特色文化的储存提供较大的空间。

第四节 档案管理在高校校史文化建设中的作用

校史文化是高校文化的重要内核之一，档案的收集、整理、开发和利用对于校史文化的培育、发展和传承具有不可替代的作用。通过档案的收集、整理和开发、档案的利用等方面的工作，校史档案逐步培育起高校的校史文化，并促使校史文化发挥其教化育人的功能，校史档案搭建起了高校校史文化的桥梁，它将高校的历史进行记录、贮藏，然后在一代又一代的校友之间传承。档案管理在校史文化建设中的重要作用启示着现代高校的管理者，应该更加重视高校档案的管理工作，优化高校档案管理机制，促使高校档案发挥更大的作用，构建出独特优秀的校史文化。

一、校史文化建设中档案管理的内容

档案工作的基本内容包括档案的收集与征集、整理、鉴定、保管、编目与检索、编辑与研究、统计和利用服务等内容。就校史工作而言，档案工作应该集中在档案的收集、档案的整理和开发、档案的利用三个方面。

（一）档案的收集

根据《档案法》的要求，国内高校都建立了档案管理制度，但是所收集档案的侧重点和保存价值各有不同，有些方面的资料过于繁杂，有些方面资料则存在缺失，不能满足构建校史文化的需求，需要依据校史档案管理的需要，加强校史档案的收集。首先，需要对学校原有档案进行摘选，依据史料价值的不同，对原有档案进行分类整理，重点收集记录学校重要事件和重要人物的档案，并进行重点管理。其次，广泛发动校友，收集缺失档案，重点收集可以客观反映学校各个阶段发展情况的资料，譬如书籍、报刊、教材、报表、纪念品、奖章等，利用丰富的实物档案填补学校档案的不足。最后，利用现代科技手段记录学校现状，传统的档案形式主要有文字、照片和实物等，现在可以利用音频、视频、三维模型等技术手段记录学校的现状和变迁，为以后的校史档案编撰提供素材。建立完善的校史档案收集程序，利用科学的手段和规范的程序收集资料，保证资料的完整性、准确性和全面性，建立其系统的、客观的、翔实的校史档案。

（二）档案的整理与开发

高校档案所收集的资料主要集中记录高校教育、教学、人事、文化以及重大事件的方面，要将这些资料变为校史档案，则需要经过档案工作者和校史工作者的整理和开发。档案人员和校史人员需要对校史资料进行广泛研读，选取其中的重要资料按照时间或者人物进行整理，并以校志或者人物志的方式对重点事件和重点人物进行二次开发，比如《清华大学志》《四川大学史稿》《清华大学校志》等校志，《张伯苓与南开大学》《北大人物志》

等人物志。此外，还可以将高校的历史档案电子化，引入交叉检索技术，通过交叉检索重要事件和人物，将历史事件和历史人物联系起来，多维度地展示历史，使得学校的过去和今天更加全面地呈现出来。除了还原学校历史，学校还应该根据现在的教学需求，选取校史档案中的英雄事迹、科研案例、奋发事迹等编撰成教学素材，利用这些素材引导学生向先辈学习，发愤图强。

（三）档案的利用

校史档案最重要的功能不只是对历史的记录和对资料的保存，而且是发挥校史档案的教育功能，引导师生研读校史档案，学习其中的校史文化价值，发挥档案的教育功能可以通过多种形式进行。其一，将校史编撰成册，按照简介、名录、选编、汇编等形式将学校的重大事件和重要人物事迹编入校史，作为校本素材提供给供学生阅读学习。其二，开放式的展览，在学校内定期展览能够真实记录本校历史的文献、照片、影像等资料，鼓励学生自主参观，学校定期举办老照片专题展、绘画专题展、建筑专题展等活动吸引学生参观学习，有条件的学校成立专门的校史馆，除了向在校师生和校友提供服务，也可面向中小学生或者其他社会人群，提高社会对于本校历史的认同度，反过来促进本校校史文化的构建和发扬。其三，利用微信公众账号、微博等资源定期将与学校相关和事件和人物信息通过碎片化的信息推送给学生，于无形中传递校史文化。

二、档案管理在高校校史文化建设中的作用

（一）促进校史文化发挥教化育人功能

校史文化是高校文化的灵魂，校史文化代表了高校师生和校友对于学校的历史的认同度和归属感，这种认同度和归属感并不是无缘无故就产生的，它是在全校师生了解学校的发展历史、人才培育、重大变革、服务社会等多方面内容的基础上自发形成的，而了解这些内容最为重要的载体就是档案。档案是对于历史最为客观的记录，保留了许多与历史参与者直接相关的资料，这里面有最早的学校教育教学资料，有许多历史人物的签名图章或亲笔手稿，有历史转折时刻的照片、录音或录影，这些无可辩驳的资料将学校的过去客观地展示在师生校友面前，校友师生从中获得的感动和启发，使人感动或者启发的可能是学校在革命年代的团结抗争、奋战到底的精神，也可能是学校科研人员为攻克某个科研难题百折不挠的毅力，也可能是百年老校在历史长河中重新焕发出生命力，这些启示于潜移默化中增强了学生的自豪感和崇敬感，自豪感和崇敬感内化成学生对学校历史的认同度和崇敬感，由此培育出基础深厚、内容丰富的校史文化。通过进行有效的档案管理，将高校档案的精华部门进行收集、管理和开发，展现给师生校友，提高师生校友对于校史的认同度，逐步培育出氛围浓厚的校史文化。

高校档案记录了高校创立的时代背景，记录了高校发展过程中经历的重大事件，记录了高校的荣辱兴衰，高校档案为高校的发展和建设提供了珍贵的理论渊源，高校档案是高

校校史文化最为重要的载体。高校档案是一个庞大的信息系统，包括建校档案、校史档案、教学档案、人事档案、科研档案等等，涵盖了高校教育、教学、人事、文化、政治工作等多方面的信息，将高校的历史沿革系统地、详细地描绘出来，校史档案不只是对过去的记录，更是对高校文化精髓的提炼，是高校文化最为宝贵的财富，高校档案具有重大的历史价值，对高校的发展具有无可替代的借鉴意义。伴随着近代中国成长起来的高校，诸如北京大学、清华大学、交通大学等等，这些学校的历史本身就是中国教育发展史，甚至是中国近代史的写照，这些高校档案所记录的历史，不仅值得本校师生缅怀，更值得全中国的教育界瞻仰和学习。校史文化建设是高校文化创建最为重要的环节之一，在高校争相丰富校园文化的今天，高校档案提供了丰富的素材，可以帮助高校建立属于自己的、独特的校史文化。

档案是培育校史文化的土壤，档案也是促进校史文化发挥教化育人功能的催化剂。校史档案本身就是一部体系完备、内容翔实的教材，档案最原始、最真实地将学校再发展过程中的成败展现出来，将学校历史上具有感染力和启示作用的事件展现出来，将那些为国家做出突出贡献的人物展现出来，广大的师生校友可以在这些浩瀚的信息之中各取所需，吸取养分。通过展示前辈校友为国献身的案例，培育学生的爱国热情和为国奋斗的信念，通过展示名人、院士等取得的成就，鼓励学生坚持理想、锐意进取，通过展示校友对母校进行的捐赠和捐资助学案例，培育学生回馈母校、回馈社会的信念。对学校的校史档案进行多层次、多形式的展示，对于校史文化进行全方位、系统化的挖掘，帮助学生找到可以参考的榜样，营造一种积极向上、奋发进取、坚持真理的学校文化，使得学生在这种文化氛围中自强不息、努力奋进，鼓励学生以积极的态度投入到学习之中，将学校文化内化成学生自己的精神品质，即使学生走出校门之后，依然不忘母校的教诲，努力做一个真正、进取、爱国的人。档案可以促使校史文化发挥其教化育人的功能，使得高校不只成为一个职业培育场所，而且真正成为一个育人之地。

（二）传承校史文化

档案是一种文化财富，校史文化的建立是一个长期的过程，必须是代代传承的，学生对学校历史的自豪感和对校史文化的认同感，可以通过校友代代传承，也可以通过档案的形式进行记录和传承。档案是校史文化传承的桥梁，档案将校史文化进行保存和传播，在传播的过程获得深化，在一代又一代校友的努力之下，校史文化的内涵会变得越来越丰富。对校史档案进行的每一次收集、整理、开发和利用都是对于学校历史资料的再创造过程，所谓的创造不是改变史实，而是对学校的历史有了更加清醒全面的认识，每一次对学校历史资料的再创造都是对校史文化的丰富和发展，校史文化在发展的过程逐渐沉淀，除去杂质，留下精华，成为学校最为珍贵的精神和灵魂，这些精华在清华大学是"自强不息，厚德载物"，在北京大学是"爱国进步民主科学"，在中山大学则是"博学、审问、慎思、明辨、笃行"。正是由于档案对历史的记录和传承，高等院校形成了自己独特的气质和精神内核，并在高校的发展过程中得到拓展和延伸。档案作为一种文化载体，其本身就具有重大的文化价值，档案表面上是将高校的历史进行记录、贮藏和传承，实质上是将一个高校的校史文化进行提炼、沉淀和内化，最后形成高校的灵魂。

校史文化作为高校文化最为重要的内核之一，它具有记录学校历史、传承学校精神、教化育人的功能，高校档案对高校校史文化的建设具有不可替代的作用，通过档案的收集、整理和开发、档案的利用等方面的工作，校史档案逐步培育起高校的校史文化，并促使校史文化发挥其教化育人的功能，校史档案搭建起了高校校史文化的桥梁，它将高校的历史进行记录、贮藏，然后在一代又一代的校友之间传承。档案管理在校史文化建设中的重要作用启示着现代高校的管理者，应该更加重视高校档案的管理工作，优化高校档案管理机制，促使高校档案发挥更大的作用，构建出独特优秀的校史文化。

第五节　高校校史研究与高校档案文化建设的互动

在分析高校档案文化的内涵，以及与高校校史研究的关系后，阐述了档案文化在高校校史研究中的价值体现，重点探索了以高校校史研究促进档案文化建设的路径。

一、高校档案文化与高校校史研究

"文化"一词，也许是众多词语中最复杂的一个，因为它涉及的领域十分宽泛。况且，随着学者对文化研究的不断深入，文化的内涵与外延也在不断扩大，所以，对文化就可以从不同学科，不同层次及不同角度去考察，"文化"也就成为一个最难下定义的概念。同样，对"档案文化"准确的理解和把握也是一个复杂问题。

近些年来，"档案文化"作为理论研究对象一直是档案学研究的热点之一，但各种文章对其内涵的理解也众说纷纭，本节认为，档案文化不是档案与文化的简单叠加，也不是简单地理解为人类物质文明与精神文明记录与反映的档案信息及其载体，因为随着时代发展、科技进步、社会环境影响以及人们意识形态的不断更新，"档案文化"已经被赋予了更丰富的内容和外延，档案文化是人们形成和围绕档案所产生的全部文化现象。某一历史时期，人们形成档案、收集档案、管理利用档案，人们在形成到利用档案的过程中逐渐形成了具有行业特点并得到共同认可、共同遵循的档案观念、行为方式和物化成果。人们以档案为核心，以经过一定时期的实践与认知后形成的档案观指导后续行为，进而产生一系列的物化成果，从而传承着民族文化，同时也传播着档案文化。

高校档案文化是档案文化的一个领域，根据上述对档案文化的阐述，本节认为高校档案文化是高校在创办发展的历史进程中，通过形成、收集、整理、管理、开发利用本校档案逐渐形成的档案观念、档案管理理念与模式，在此指导下，以高校档案为核心形成的各类物化成果所构成的高校特定的文化体系。

高校档案真实地记载了学校的创业奋斗史，见证了学校长期办学实践中形成的独特的良好校风、教风、学风以及全体师生在教学、科研、管理、生活等各个方面共同创造并逐步形成传承下来的传统优势、特色或经验，可以说高校档案文化是一个学校发展史的积淀，是高校校史的体现形式之一，而高校校史的研究成果也正是高校档案文化中的物化成果之一，同时也推动和传播着高校档案文化。因此，校史研究与高校档案文化是紧密相连的，二者相互交融，相互渗透。高校档案文化的发展和完善，是实现校史研究连续性的有力保障，而校史研究中同样也渗透着高校档案文化，其研究成果正是高校档案文化的展现平台。所以说，高校档案文化是校史研究的价值体现，校史研究促进高校档案文化的发展建设。

二、档案文化在高校校史研究中的价值体现

校史研究是一项系统的精品工程，离不开馆藏资源，需要全方位地收集、融合校史档案，所以档案文化融合在校史研究中，校史研究成果中无不体现着档案文化的价值。

（一）积淀与传播价值

高校档案是高等学校从事招生、教学、科研、管理等活动直接形成的对学生、学校和社会有保存价值的各种文字、图表、声像等不同形式、载体的历史记录。它真实而完整地记录着高校创建发展的全过程，是记录高校校史的载体，是高校长期的办学过程中形成的办学特色、教育理念、教学特点以及学校建设的方方面面的历史见证，是一个学校历史文化的积淀，是校史研究的依据。一所学校多年形成的档案文化，也是真实地再现一所学校历史发展的轨迹和规律，是研究校史时最有力最可靠的文化资源，是一所学校的历史积淀与文化积淀。

校史文化能够延续发展，档案文化的传播价值起到了无可估量的作用。档案文化是高校校史有效的传播途径，高校档案文化蕴含着高校丰富的历史文化财产，是校史文化积淀的成果，老一辈的办学经验和管理理念通过档案文化流传至今，传播给广大师生员工，从而使今人继承前人的创造成果，避免一次又一次地经历漫长的经验积累而重复创造中，而今人进一步创造的成果又以同样的方式蕴藏档案文化之中，成为后人继承和发展的文化营养，在高校这种文化发展的循而往复的操作过程中，档案文化的传承价值在校史研究中得到了确认。

（二）发展与创造价值

档案文化的发展与创造价值是由其衍生性决定的，档案文化是一个体系，是一个动态概念。随着高校社会活动的不断深入，档案文化的内容也在校史研究发展过程中不断地更新，为校史文化活动提供着源源不断的认识材料，构成了高校进步发展的一级级台阶，使高校文化活动构成了不断创新的支柱过程。档案文化的发展与创造价值是以学习、继承前人并借鉴同时代人已有的文化成果鉴定为前提的，档案文化可以为具体的校史文化发展与

创造提供"原材料"。档案的原始性能帮助校史研究者进入历史上的某种时刻与情境中，发现前人没有发现的问题，倾听前人没有听到的声音。档案文化是一种开发潜力巨大的文化资源，校史研究通过对它的开发利用，可以达到发展和创造高校已有的研究成果的目的，诞生独特、新颖、具有创造性的校史研究成果。学校的历史沿革，办学理念，重大改革决策的实施情况，有杰出贡献的学校领导和教师的事迹，学校教学、科研、管理、服务的特色和学校文化、传统、精神等有关校史研究成果的形成无不体现着档案文化的发展与创造价值。

（三）教育与鉴赏价值

高校档案是一所学校精神和文化存在的象征，高校档案文化既是某一高校共同体的集体记忆和智慧结晶，同时也是其共同的文化资源，校史记录了一所学校建立、发展和变迁的过程，校史研究中也同样蕴藏着档案文化，广大师生通过校史研究中完整原始的文字、图像、声音的档案记载，能够深入地了解学校历史、发展历程和优良传统，使其知校史、明校情，这对高校师生而言有着很好的教育价值。共同的档案文化决定着师生共同的价值选择，树立起共同的价值目标，高校档案文化能从观念、感情、行为方式等方面把校师生联系在一起，从而形成强大的号召力和凝聚力，是对师生进行爱国荣校、敬业乐学和精神文明教育的重要资源。

高校档案贯通各个学科各个领域，可涉及史学、文学、美学、社会学、建筑学等等，其表现形式不仅仅有文字、图像，还有书画、证章等一些实物档案，正所谓档案有时或可为文物，某些文物或可为档案，校史研究中的学校名人、学校新旧建筑、校友专题、校际交流互赠的礼品，这些不但具有教育价值，同样对师生起到了陶冶情操的作用，具有一定的鉴赏价值，使人们从中得到艺术和美的享受。

三、以高校校史研究促进档案文化建设的路径探索

（一）建设数字信息与实物建设为一体的多功能校史馆，夯实高校档案文化建设基础

对于一所高校来说，大学文化的发展水平，不仅要看其图书馆、博物馆的建设水平，更要看其档案馆和校史馆的建设水平，也是夯实高校档案文化建设的基础。

数字信息与实物建设为一体的多功能校史馆是打造高校档案文化的建设平台。网络技术不断发展与普及，校史馆的建设要积极探索适应学校建设发展要求的工作新模式，用新思维、新方法和新技术去应对新变化，充分运用现代通信和网络传输技术，实现校史馆网络与实物相配合的同步开发与管理。移动互联网时代，微信公众号的推出，构建了当代互动性的信息交流平台，它集合了图、文、音、视频等几乎所有的受众接受信息传递方式，成为当今"连接一切"的资讯载体和交流平台，成为更多人接收外界信息的重要渠道。因此，高校不仅仅要把重点放在传统校史馆的建设上来，还应将校史文化的架构结合到微信

公众号平台上，以档案馆人物档案、照片档案、视频档案、实物档案等为资源依托，结合本校发展史上的重要时间点与大事件进行主题策划并进行特色图文编辑推送，进行校史文化、档案文化的传播。

此外，传统的校史馆也应设有方便的网络和自助查询系统，并配以熟悉校史的专门解说人员。

（二）积极扩大校史文化影响，以拓展高校档案文化建设范围

1. 面向校内外全面开放校史展览

每年组织全校新生和新进教职工参观校史展览馆，通过校史展览馆中展示的学校大量真实的历史文字资料、图片、声像、实物等原始记录，直观而形象地展示了高校发展历程中各个方面的发展脉络，从而使校友、师生及社会各界了解到这所学校的历史文化特征和大学文化的精神内核。

2. 积极开办系列专题展览

由于校史馆是永久固定展览，受空间因素的限制，校史资源布展有限，所以，各种专题展览如校园建筑变迁图片展、周年校庆展，组织沿革，知名校友诞辰纪念展等，可作为补充、辅助展览的必要形式。

3. 邀请杰出校友开展校史专题讲座

定期邀请杰出校友或专家回母校学校创建发展之路等系列专题报告，校友是合高校档案文化建设最大化的可利用的重要资源，因为校友来自各个领域，直接面向实践一线或学术前沿，以亲身经历从人文角度感染在校学生，学生更易接受，不但开拓了学生的眼界和视野，增强学生爱校、敬校、荣校、兴校的情感，同时也有利于扩大档案文化的影响力。

（三）征集校史档案，出版校史档案编研成果，开发高校档案文化建设新资源

1. 广泛征集校史资料，以实物档案及口述档案为主

校史研究以史为本，以料为据，史料的搜集和筛选是校史研究的重中之重，而实物档案的征集又是校史展览的主要来源，对历史已久的校史资料和实物，一张老照片、一个老校徽、第一张毕业证书、某位名人的赐墨等有纪念意义的珍贵实物，都是一段历史的有力见证，而这背后故事的深入挖掘，就需要派专人对学校的老前辈们进行采访记录，形成口述档案，它是学校建设和发展过程中重大事件的史料修补和完善的需要，这些翔实而生动的校史资料能给人以精神上极大的震撼和激励，这就是档案文化传承价值的展现。

2. 正式编辑出版校史教材，为校史教育奠定基础

当前国内外高校尤其是高水平研究型高校通过开设校史文化课程作为高校档案文化建设的主要途径之一，那么高校就应精心编写一套有思想、有文化、有精神的校史专门教材，为校史教育开展奠定坚实基础，达到以史鉴人、以史励人、以史育人的目的，同时这也是档案文化价值的追求。

3.加强校史编研提炼,打造高品质的档案文化精品

校史研究不应仅仅停留在编研学校年鉴、大事记、文件资料汇编、重要数据汇编等这些重"编"轻"研"的成果上,从更高的要求来看,校史研究成果,尤其是在文化育人方面,还没有实现最大限度的展现。校史研究还应通过结合本校馆藏资源特色资源,对校史档案材料进行筛选、分析、提炼、整合,开发出反映本校发展变迁,具有精神内涵、文化特征的校史研究成果,充分发挥档案文化价值,使之成为高校的特色文化,以校史研究成果体现档案文化的丰富内涵,进而让全校师生和社会各界受到熏陶、感化、教育。

高校档案包含大量的校史资料,馆藏档案是校史研究的重要载体。校史研究的物化成果,促进了高校档案的深度编研,蕴含着高校档案文化特色,同时体现高校档案文化的价值,起到了档案文化宣传的目的,所以说,加强高校档案文化建设,开展校史研究工程,推进二者的互动发展,以档案文化的特性促进校史研究,丰富大学文化内涵,是高校档案馆的职责所在。

第六节 大学档案文化建设与高校校史文化的发展

档案与文化之间存在天然的联系,一方面档案资源为高校校史文化提供了重要载体,另一方面校史文化研究则将档案资源的价值凸显出来,进一步推动了档案资源建设。基于此,本节根据近年来我国高校档案工作实践,针对档案资源建设与校史文化研究二者的互动发展进行了分析和探讨,希望可以为相关人士的研究提供一些参考。

高校是文化创新的生力军,校史文化与档案文化是高校文化的两个重要组成部分,它们之间是密不可分的关系,共同构成了高校文化创新的基础。一方面校史作为高校档案主线而存在,高校档案如果离开了校史将无从谈起,另一方面高校档案中非常详细地记录了校史,这样零散的校史才有了内在的联系,档案文化为校史文化提供了载体。所以,对高校校史文化的研究可以推动对档案文化建设。下面就让我们针对高校校史文化研究、档案文化建设的相关内容进行分析和研究。

一、高校校史文化研究与档案文化建设特质

在当前社会快速发展的大背景下,高校档案文化、校史文化体现了高校同时抓两个文明建设的重要成果,成为学校办学实践中创造的财富。其中,高校校史文化研究主要以学校历史发展、办学理念、杰出师生员工等为对象,通过利用热点问题研究、理论研究及实证研究等方式,从不同层面深入挖掘、整理校史,并从中提炼出校史的"文化基因"。从宏观角度来看,档案文化是档案管理部门经过长期发展形成的档案管理策略、档案精神及价值取向,从微观上来看,档案文化包含两个含义,其一,档案作为文化财富的一部分而

存在，没有了档案那么人类文化就会失去一个重要载体。其二，文化为档案积累提供了本源，只有文化繁荣发展，档案才能获得坚实的支撑。通过对高校创建、发展历程、规模大小等方面的真实记录，可以反映出学校不同时期的校园建设、办学特色及师生风貌，高校档案文化建设应将档案资料作为研究对象，深入挖掘高校档案中的制度与文化精髓，并提炼出高校文化精神。

二、适应高校档案文化建设推动高校校史文化发展的路径

（一）契合高校档案文化建设走向，丰富校史文化建设理念

当前高校档案文化建设要求利用科学化、制度化及服务育人价值推进，所以高校应以档案文化建设为着眼点，不断推动校史文化建设，在契合高校档案文化建设走向的同时始终坚持科学化发展观念，不断推动高校校史文化建设朝着科学化方向发展。同时，在系统化、整体推进理念下，注重高校校史文化建设不同环节的同步协调推进与发展，在创新复合理念指导下，关注校史文化的吐故纳新、与时俱进发展。力求在科研、教学及后勤管理等多项工作中稳步推进高校校史文化建设。

（二）为高校校史文化研究、档案文化建设提供保障机制

马克思主义哲学揭示了所有事物及现象的共同本质。高校校史文化研究、档案文化建设本身并不会产生直接经济效益，如果缺少了物质保障，那么一切仪式上的东西都将成为空中楼阁。面对现在的高校管理模式，笔者认为校史文化及档案文化研究工作可以从两个方面来看，其一，从战略规划上加以重视，学校应深入认识二者在学校发展全局中的地位与作用，在学校发展规划制定过程中将其提到一定高度；其二，提供物质条件支持，学校应将各项物质资料适当倾斜于校史文化与档案文化建设工作，解决缺少研究人员、整体业务素质低、老化现象严重等问题，为这方面文化建设提供经济支持。

（三）通过举办校史展览推动档案文化宣传

校史文化研究获得一些成功后，很多高校都开始利用这些研究成果来办校史展览，通过这类活动可以进一步加大对典型事件、典型人物与典型成果的宣传力度，同时通过这类互动传播优秀高校精神，全面展现出先辈师长们建校时的艰辛，从而引导广大师生及社会各界人士领域学术传统。高校档案馆应在这类活动的依托下，充分挖掘出档案库中的校史资源，以校史馆、纪念馆建设开辟出富有档案文化特色的发展道路，从多角度、多层次及多侧面展示出高校的文化内涵。

综上，高校校史文化建设工作不是一朝一夕就能完成的，它是一项非常复杂的工程，需要广大师生、学校及社会多方努力，并从不同思路探索和创新。当前高校档案文化建设为校史文化建设提供了非常好的契机，这种情况下高校应主动去适应高校建设新常态，充分关注和重视校史文化建设工作，积极创新校史文化建设机制，将校史文化的各项功能充

分发挥出来。总之，在当前的社会背景下，高校必须站在学校改革与发展的高度上，积极创新文化表现的形式和内容，着力推进二者互动发展，最终顺利地完成繁荣高效文化的重要任务。

第六章 高校档案建设与校史文化的发展研究

第一节 校史编著中高校档案利用方法研究

本节对校史编写中利用高校档案的方法进行了研究分析。分别从校史设计、档案利用中的人员组织、辅导、工作分工、专题分类编写等方面进行了研究，较好地解决了档案保护和利用的矛盾。

悠久历史的高校，研究办学历史，编写学校校史，促进学校健康发展，具有重要的历史意义和现实意义。上海海洋大学在这方面进行了有益探索，档案馆在其百年校史的编写过程中发挥了重要的作用，编写了一本在国内外高等学校，特别是以海洋、水产、食品等学科优势明显的高等学校中具有很大影响的《上海海洋大学传统学科、专业与课程史》（简称三史），并由上海人民出版社公开发行。校史的编著发行关键之一得益于该校档案的利用与开发。

一、编著内容设计

校史涉及面颇广。为全面覆盖学校历年的建设与发展概况，总结历史。同时为相关高等学校的建设和发展提供参考借鉴，便把校史浓缩为三史，即：学科、专业和课程。这种设计内容全面，科学新颖，也是高等学校建设的基本内容。学科是相对稳定的知识体系或研究要点。该书所述传统学科史，主要记述上海海洋大学历史上的几个传统特色和优势的建设发展过程、科学内涵、主要科研成果、主要完成人员、成果水平、科研团队和科研平台、重点实验室建设等。

专业是根据学科分类和社会职业分工，进行分门别类，专门知识教学的基本单位。其目标是为社会培养各级各类专门人才。所述传统专业史，主要记述学校水产各类专业发展沿革、培养目标、教学计划安排、教材课程体系设置、主要任课教师、教学配套设施等内容。课程是学校为实现培养目标而选择的教学内容及其进程和总和。所述传统课程，主要记述学校一些传统特色课程的建设发展过程，如课程沿革、教材编写及其内容、校内外实验、实习、主讲教师、课时数等内容。

二、编写服务中的档案利用

（一）人员的组织与辅导、减少损伤和重复劳动

对档案利用人员（参与校史编写的人员）进行科学组织与精心辅导。许多档案文献经历了久远的历史岁月，不采用一定的科学保护措施来利用档案，在利用过程中随时有可能将其损坏。上海海洋大学档案馆保存了大量具有重要价值的纸质档案，这些档案文件已成为重要的稀有文史资料。有的正在申请作为上海市档案文献遗产保护项目，而许多重要的历史纸质档案保护和使用存在许多技术上急需解决而又难解决的问题。许多纸质档案原材料质量比较差。其档案自身的强度和韧性具有先天的不足。这些纸材由于当时的造纸技术及原材料相对落后，也没有针对性地研究专门用于档案保存的纸质，所使用的纸张其强度、耐折度、挺折度、挺度、密度等性能普遍较差，特别是50年乃至近百年前的纸张，性能更差，因此作为档案载体给保护保存增加了难度。而经过几十年的存放，受到各种环境及有害物质的侵蚀，使得延续保护难上加难。针对这些情况，对校史编写参加人员进行精心组织和耐心辅导，使之具有档案利用的基本知识。如轻拿轻放、减少冲击（折叠、重压等）、减少摩擦和挤压、消除多次重复翻阅等。

（二）工作内容合理分工、利用有序进行

为减少重复劳动，提高利用的准确性，加快编写的速度，特对利用工作对其内容进行分工。具体分成学科、专业、课程三个方面。先列出提纲，然后按提纲进行梳理和编排，最后进行档案利用。

学科内容的梳理与档案收集。主要包括学科创办沿革，所取得的研究成果，学科建设手段（实验室、研究所、重要仪器），人才培养等。另外还包括一些学科建设的相关措施文件。具体内容为：学校关于教学大纲制定与实施的规定；教学大纲、实训大纲和考试大纲；学科基础课、学科教材；实验实训指导书；CAI课件；学科课程建设情况（含规划和总结）；精品课件建设情况（含规划、总结、教案、课件、课堂教学录像等相关资料）；学科课程成果及原始资料。

专业内容梳理与档案收集。主要是专业的种类、专业背景和专业培养目标及过程。具体包括：专业概况（含专业衍变、专业背景、人才培养情况等）；专业目录；新增专业、特色专业申报材料；相关行业、企业对专业人才需求现状分析及未来需调研报告等原始材料；专业设置论证报告与培养目标调研报告；专业培养目标（含知识、能力、素质要求）；专业实施性教学计划；专业建设年度计划、中长期建设规划、年度总结；用人单位对专业毕业生的反馈信息。

课程内容梳理与档案收集。主要包括课程体系、课程分布、课程要求及结构等。具体包括：专业教学计划的课程建设原则性意见；教学计划修订的有关规定；专业培养方案与

实施性课程教学计划；专业建设与各项课程教学改革的思想与措施；专业课教学计划执行情况（含各学期进程表、教学任务书、课程表）；课程体系与结构改革情况课程实践教学情况等。

（三）专题档案文献分类，准确提供原件

根据学科、专业和课程内容，把原始档案进行分类，并提供档案原件。最终做到准确、准时、有效。档案工作者的任务之一就是为查阅档案者准确、迅速提供原始资料，以满足其急需。那么，如何在数量巨大的档案馆（室）中及时找到急需的文献，是一个值得研究的问题。目前，通常的利用形式主要是利用者点名调卷。但由于利用者不可能了解和掌握库藏档案全部内容，包括库藏档案的时间、范围、数量，因此，单凭点名调卷，就可能使大量有价值的档案被埋没，影响档案效益发挥。为此在前面对所有档案原件做了预先分类、查阅的人便减少了盲目性，大大提高了准确性，从而加快校史编写工作。

作为历史悠久的百年高校。在编写校史过程中，档案工作发挥了重要的作用。而学校档案利用是一项艰巨的工作。其利用方法需要进行认真研究。综述所做工作，有如下结论。

保护与利用是高校档案工作的重要专业内容。历史悠久高校档案文件在漫长的保存、借阅和使用过程中，都经受到各种因素的影响，包括人为的、自然的和生物的影响。特别是那些建校历史长达百年的高校，许多原始纸质档案已显得十分脆弱，表现在纸张变硬、发黄、变脆、虫蛀、霉变、字迹褪变以及柔软度、韧性和机械强度降低等。于是存在着档案保护与利用的矛盾。本研究中较好地解决了档案保护与利用的矛盾。

档案利用人员的组织与辅导对档案利用十分必要。对档案利用人员进行科学的组织和专业的辅导，才能有效有序地开展档案的查阅、利用等工作，而又不损害原有的历史档案。

预先对所需利用档案进行分类，才能准确提供所属原件。只有专业档案管理人员对利用所需档案原件进行提前分类，缩小收集和查阅范围，才能准确、及时地将原件档案提供加以有效利用，最终提高编著校史的效率。

第二节 高校档案在校史文化传播中的价值

本节结合作者多年来高校校史研究、编纂的经历，认为高校档案在高校校史文化的传播过程中发挥着信息源泉、参考佐证、载体平台及文化黏合剂等方面的重要作用。

近年来，编史修志在很多高校中兴起，高等学校校史文化研究与利用日益引起社会的强烈关注，成为高校促进文化认同、强化教风学风建设、传播自身优秀文化、提升学校知名度的重要途径与手段。高校档案承载着高校的发展历程和进步轨迹，是对高校运行历史的真实反映，对于高校文化生态的建设及其优秀历史文化的传承、传播与扩散具有重要的价值。高校档案在校史文化传播中所具有的价值是由其特有的社会功能决定的，具体表现为：

一、传播校史文化的信息源泉

近年来，我国高校受规模扩张和大的社会环境的影响，不同程度地存在着盲目攀比、目光短浅等功利化倾向，一味追求人员数量增长、教学规模扩大和硬件设施建设，而忽视了自身文化内涵的构建和精神价值的固守，导致高校人文精神的失落与价值理性的缺失，对高校的长远发展造成了非常不利的影响。要扭转这种局面，方法之一就是要在反思现有教育制度与教育事业追求目标的基础上，进行高校校园文化的挖掘与重构，找出高校安身立命的精髓所在，进而框定社会转型时期我国大学运作的理想与模式。为此，可从丰富博大的校史文化资源宝库中寻找、挖掘出相应的答案。

高校档案作为高校发展的客观记录，不仅是高校校史文化的具体表现，同时也是高校校园文化的重要组成部分。系统、完整的高校档案不仅忠实地记录并再现了高校发展的全貌和过程，而且它还具有传承高校历史、承载高校文化的作用。高校档案积淀着高校历代学者和教育者以及学生、学友的文化创造和文化传播成果，能够在高校校史文化的传播过程中充当资源宝库和信息源泉，为高校校史文化的扩散、传承提供源源不断的资源信息。所以对高校而言，档案是一种宝贵的文化财富，具有重要的文化价值。如果没有档案，也就失去了连续、全面地直接记录和积累高校文化的原载体。在日益重视文化建设和历史渊源的当今社会，很多高校都把档案保存的多少，档案馆事业的发展状况作为衡量高校文化丰富与否的重要标准。高校档案作为巨大的信息源泉，不仅起着传承、延续继而积淀高校文化的作用，借助高校档案，进行校史文化的输出与传播，还可凸显学校的辉煌历程和发展历程，彰显高校文化的独特魅力。可以说，正是由于丰富浩瀚的校史档案，为体裁多样、汗牛充栋的校史校志的出现提供了有力的信息支撑。尤其值得注意的是，作为一种文化现象，由于其特殊性，高校档案的这种信息源的作用并不会因时间的推移和使用次数的增加而减弱，反之，会因为利用主体的不断增加，传播渠道的不断扩展以及利用主体根据自身需要对档案信息的价值判断和扩充而不断得到增值，进而实现高校档案价值的拓展与延伸。

二、还原校史面貌的重要凭证

高校档案是一种文化事项，它不仅忠实地记录了高校发展的历史和进程，还能为高校的进步与发展提供重要的参考依据。校史文化传播从本质上来讲也是一种信息传播现象。因此，不可避免地会遭遇与其他信息传播一样普遍存在的信息失真问题，这极大地困扰着高校的文化建设，干扰了高校文化信息的正常传播与扩散。高校档案作为高校校史文化的历史记录，其原始记录性和凭证性的特征，使之具有图书、报刊等其他文献所不具有的可靠性和权威性，从而成为研究高校历史与发展的最重要的参考依据，对于校史文化传播中的讹传或者错误现象能起到很好的纠正、矫枉作用。

众所周知，由于时代的风云际会，20世纪上、中叶一度成为云南大学历史上最为辉煌的时期。近代国内众多知名学者都曾到云南大学讲学传知，造就了云南大学发展历史上浓墨重彩的华章。这些学者在云南大学任教或从事过其他活动的先进事迹，是我校一笔巨大而又宝贵的精神财富，对于云南大学今天乃至以后的进步有着不可估量的意义。因此很有必要加以厘清、保存并公诸世人。从现实来看，由于时代的变迁、岁月的更迭，当事人对事件的记忆逐渐模糊，或由于当事人的离世而导致历史事件的失传与失真，外人已经难以知晓并验证其原貌，很多事迹已经湮没在历史的尘埃中，给后人造成了很大困惑。这时，就要云大人以积极、求真的态度，通过利用历史的原始记录及其真实、负责人的传播活动，传播事实和有关信息，使社会各界了解那段尘封历史的本来面目。为此，近年来，笔者通过查阅云南大学档案馆、云南省档案馆以及昆明市档案馆等机构收藏的有关云南大学的校史档案，对这些事件一一进行还原与阐释。例如王元在其编著的《华罗庚》（光明出版社，1994）一书中谈及20世纪30年代时任云大校长的熊庆来欲聘请华罗庚到云大任教，华罗庚因科研任务重而婉拒熊之邀请。但笔者通过查阅档案，发现了华罗庚当时在云大领工资的原始凭证及聘书存根，从而还原了历史的本来面貌，消解了因时代变迁而造成的历史迷惑。如此等行为既有力地丰富了云南大学历史文化的内涵，同时也有效地传播了云南大学辉煌的历史和宏博的校园文化。

三、传播校史文化的媒介平台

所谓传播媒介，系指连接传播主体和受众、维系二者之间关系并保持信息流通顺畅的工具和手段。从某种意义上说，校史文化的积累、沉淀与传播主要是借助文字及其载体构成的文献的传播实现的。校史文化传播的实质就是校史文化以文献作为媒介在时空中的传递、交换和共享的过程，即文献及其内容在时空中的迁移和扩散的过程。校史文化的传播"既要在空间领域实现共时性传播，又要在时间范围内实现历时性遗传"。时间的不可逆性使得古人今人由于时间的阻隔而不能直接交流，必得借助一定的载体或媒介才能实现信息知识的纵向传播。高校档案就是这样一种媒介，它能将记录下来的高校的物质文明和精神文明的历史和现状世代相传，使高校在历史上的文化遗产不断得到继承和发展。

在信息社会，文化传播媒介很多，如报纸、杂志、电视、广播、图书、互联网等，相较于这些传播方式，档案是产生时间最早、延续历史最久的传播媒介，在人类社会发展的进程中一直起着非常重要的作用。档案是文化传播的一种重要媒介，不仅具有贮存人类文化的功能，还有传播文化的功能。高校档案既是高校校史文化的表现形式和重要载体，同时也可承担沟通高校历史文化与社会公众的作用，成为学校内部、学校与社会沟通，连接现在和未来的纽带和桥梁。在此背景下，充分开发利用高校档案中的文化信息，可以借此穿越时空，突破时代的限制，让高校员工、学生以及社会民众充分接触、认识并学习高校辉煌的历史和优秀的教学、治学传统，提高高校内部人员对所在高校优秀传统的认同和守护，尽最大努力维护高校的价值目标与终极追求，使其优秀校园文化传统与时俱进并发扬光大。让人们在对高校档案的利用、阅读与审视中，聆听高校历史前进的脚步，感受其发展的不竭动力与曲折历程，增强师生员工的认同感和荣誉度，从而获得知识的增长、心灵的悸动和情感的认同。笔者近年来利用云大校史档案编纂的《云南大学志（1—10卷）》《云南大学史料丛书》等，取得了良好的社会反响和传播效应，即体现出高校档案在校史文化传播中这一独特的价值。

四、高校文化交流的黏合剂

这里的文化交流主要是指高校之间以及高校文化与社会其他亚文化群体的碰撞与互动。考察人类文化发展的历史，在每一个历史时期，人类社会都存在多种不同特质的文明区域和文化空间，不同文化圈的文化丛各自向周围扩散，当它们相遇时，就不可避免地发生文化的冲突与融合。"冲突时，各种异质文化借助大规模的文献生产、复制、传播来宣传自己、发展自己。不同区域文明通过文献的交流与传播互相影响、互相渗透，最终融合为统一的社会文明"。作为社会文化大系统下的子系统，高校文化同样服从于这一文化发展规律，其传播过程自然伴随着不同高校文化的交流与碰撞。

某一高校通过对其他高校文化群体乃至社会文化群体的传播、扩散，完成与外来文化的对话与审视，进而对异己文化进行渗透、产生影响，同时，吸收、借鉴外来文化尤其是其他高校文化的精华部分来补充自身的不足，促进自我的发展与完善，使自身能随社会与时代的进步不断保持活力与张力。这样的互动互涉过程，隐含着高校文化与其他文化体系的融化与涵化，进而出现高校文化与其他高校文化及社会文化共生共荣、互相促进的良性局面。我们不难发现，在与外来文化的交流、碰撞中，各高校总是按照自身的经验和价值观，对外来文化进行界定和认识，并选择性地吸收、借鉴其优秀部分来丰富自我、壮大自我。这一对外来文化动态审视、选择的过程，自然离不开高校档案所记录文化信息的有力支持。在此过程中，高校档案不仅是文化交流的媒介，也起到了信息黏合剂的作用。它打破了时空限制，使不同地域、不同时间的文化系统实现了对话和交流，促进后来文化对历史文化以及同一时代不同地区文化、不同校园文化的学习与融合，从而整合形成新的文化因子和体系，推动高校文化与社会文化的进步。从这一角度讲，正是档案信息的传播、扩展，改变并塑造了高校的文化面貌。

第三节　高校口述校史档案真实性互构机制

高校口述校史档案的真伪和归属一直存在争议。从"大众记忆"入手，对高校口述校史档案的真实性进行研究，发现：高校口述校史档案参与者之间、口述校史档案与文本档案之间、口述校史档案与实物档案之间的相互建构，对于提高高校口述校史档案的学术地位,实现其历史价值,有着极其重要的意义。

人们对高校口述校史档案真实性的质疑起源于记忆的主动性和随意性。为了实现高校口述校史档案的真实性,我们必须坚持历史唯物主义的科学态度,对口述校史档案进行合乎客观实际的分析和研究,以实现从"历史记忆"到"真实记忆"的转变,让其解释历史、重建历史、走向历史殿堂,体现其学术价值和社会应用价值。

一、高校口述校史档案的定义及其发展

口述校史档案的概念最先见于1984年国际档案理事会出版的《档案术语词典》,即"研究利用而对个人进行有计划的采访的结果,通常为录音或录音逐字记录的形式"。后来不少学者对口述校史档案的内涵作了概括,笔者认为:口述校史档案应以档案为前提,是口述者与访谈者的互动行为,而不是口述者的单向行为,采访资料也应与文本档案做比较、核实,并整理成文稿和音像资料,归属相关档案。概括地说,口述校史档案其实是文本档案和声像档案的重要补充。基于上述研究,高校口述校史档案可概括为:高校师生员工在工作学习和生活中产生的具有保存价值的、事件当事人或事件亲历者口述的、按计划以标准方法采集到的各种声像与文字等形式的各种记录,并将这些记录与文本档案做比对、核实,按档案要求汇集的文字与声像资料。

随着高校社会功能的不断拓展,各高校越来越重视对自身办学经验、办学理念及办学传统的总结和梳理。但是,一部分高校在长期的办学过程中,因档案保管不当或技术缺陷等原因使得档案受到损坏或者遗失,从而无法全面、准确地反映学校的发展历程。各高校在经历一段时间的发展以后,大多数档案沉积了几十年、几百年。那些留存在人们头脑中的学校发展记忆,将是宝贵的文化遗产。为了挽回高校濒于灭亡的文化遗产、丰富档案馆藏,高校口述校史档案便出现了。进入21世纪,各高校普遍掀起校史编研工作的高潮,高校口述校史档案抢占了高校档案的一席之地,成为蓬勃发展的新领域。中国科技大学在1998年40周年校庆之际,从档案中挑选出若干重大历史事件,编辑成《中国科技大学大事记》。事后,学校档案馆和一些资深的老教授发表过数篇回忆性文章。在50周年校庆时,该校启动了大规模的校史研究工作。2007年中国科技大学设立了校史编撰和口述校史研究两个校级重点项目,经过两年多的研究,口述校史工作取得了巨大的进展:成立了校史研究团队、前后访谈了几十位老同志、整理了20多篇回忆性文稿、在访谈过程中征集了不少珍贵的照片和资料,大大地丰富了校史馆藏。

温州大学为了支持市"世界温州人研究中心"研究项目,成立了口述历史研究所。为迎接80周年校庆,该校成立口述历史和寻找校友两支团队,面向全校招揽志愿者,通过对不同时期的校领导、教职员工、校友及与温州大学有着特殊关系的社会人士的访谈,见证了温州大学的历史,充分挖掘了其发展历程与拼搏精神。此外,广西大学、苏州大学、北京语言大学等也启用了这一项目,并取得了重大成效。

二、高校口述校史档案的收集与抢救工作流程

一所高校的办学理念和办学精神是靠历史的沉积和前辈们的共同努力来形成的。高校口述校史档案是对高校濒于灭亡的文化遗产进行抢救的一种方式，是对历史文化的一种守望和大学人文精神的一种塑造。高校口述校史档案的形成过程是一项长期系统性工程，其流程以档案收集理论为指导，以口述史学与新闻采访知识为原则。整个流程可分为三个阶段：前期准备阶段、访谈阶段和档案形成阶段。

（一）前期准备阶段

前期准备阶段包括主题的选择、计划的制订、队伍建设、文献查阅、事件主体的确定、相关知识的了解与熟悉等。下面主要研究主题的选择与事件主体的确定、项目队伍建设及知识准备三个部分。

1. 主题的选择与事件主体的确定

高校口述校史档案形成前期阶段最关键的环节就是主题的选择与事件主体的确定。主题的选择要挽救学校文化遗产、保存社会记忆、再现历史、丰富馆藏、满足人们日益增加的文化需要及与馆藏档案的相互补充与印证，从而纠正以讹传讹的错误，澄清真伪。它既要有一定的学术性，又要有现实边界性。例如清华大学《挺起胸来——清华百年体育回顾》《清华记忆：清华大学老校友口述历史》、北京大学的《记忆：北大考古口述史》等均是精心选择的主题。另外，大多数"敏感词"带有一定的虚假性，主要是由于历史原因和社会环境的影响所造成的。对这类档案真伪性的澄清，也是最好的主题选择。

事件主体的确定要选择与研究主题、历史事件关联度较大的人，即事件的亲历者、亲闻者；同时，要兼顾各层次的人群代表，如学校领导、教职工、校友及与事件发展有着特殊关系的社会各界人士；也要兼顾主体者的性别、年龄、职业、家庭背景、信仰、职务等因素，尽量选出有代表性的最优主体。

2. 项目队伍的建设

项目队伍必须具备一定的专业知识。学校要高度重视项目队伍的建设。项目队伍是以档案馆为主导、其他各部门和各院系共同参与选拔的各种人才的综合体。项目队伍以有档案、新闻采访、历史等专业知识的核心储备成员及具有专业影像技能的人员为主。口述校史档案的形成过程具有不可逆性，所以在整个访谈过程中，要求影像人员具有高水平的录制技能。另外，项目队伍还必须配备语言专家，因为有些受访者必须用方言进行沟通。总体而言，队伍人员素质必须具备一定的社会责任感、高度的语言敏锐性和保密性。

3. 知识准备

知识准备主要包括两个方面：第一，对受访者的知识准备，主要包括对受访者的近况和家庭及各方面的兴趣爱好、性格、经历等的了解和掌握；第二，对选定的主题做好全面的知识准备，主要包括相关领域的最新动态、主要理论、相关概念及重要文献，特别是要

了解所选主题在当时的背景和前后事件，以便与受访者形成互动。

（二）访谈阶段

1. 预约访谈

预约访谈是在现场访谈前，根据受访者的生活习惯、身体状况、兴趣爱好预约好时间和地点及访谈方式（一对一或集体座谈式），向访谈者说明缘由和目的，让受访者有足够的心理准备和记忆整理，从而更好地配合和发挥。

2. 现场访谈

第一，把握好访谈技巧。首先，采访者要进行恰当的提问，即所提问题要简单、明了，把一个复杂的问题分解成多个让受访者易于理解、接受的简单的问题，另外，追问适度，不能穷追不舍；其次，要捕捉准确的信息；再次，要进行适当的回应，采访者在采访过程中不能只做倾听者，而要善于把自己的观点和所掌握的知识适当地传递给对方，偶尔可用点头、微笑等方式做出反应。

第二，风险控制。风险控制主要是指控制意外事件的发生，如受访者情绪波动或情绪失控等不利因素产生的风险、仪器设备故障。

（三）高校口述校史档案的形成阶段

第一，将口述资料转换为口述文字资料。高校口述校史档案最常见的资料是访谈资料和观察记录，访谈资料包括访谈记录和录像资料。首先，采访者把访谈过程中征集的口述、音像访谈资料进行初步的整理，保持访谈资料原汁原味，只做资料的编号和理顺处理；其次，按一问一答的形式把访谈资料转换成文字；再次，进行文字的二次转换，也就是把文字进行再次加工，变成人们易于接受和理解的资料，如抄本制作、人物传记、专题片等。

第二，回访定稿。首先，采访者将二次加工的口述史料经过项目主要成员和相关专家研究讨论定稿后，打印文稿，把文稿再一次返回受访者手中，让其过目。如果受访者有异议，就按受访者的要求进行修改，直到确认无异议后，再定稿，并签订受权协议书。然后，采访者按高校项目和档案归档要求把口述校史档案整理归档。

三、高校口述校史档案真实性的互构机制

高校口述校史档案的形成是有计划、有步骤且长期而规范的一项工程，任何环节出差错都会影响口述校史档案的真实性。社会记忆理论认为："社会记忆问题不是一个复制问题，而是一个建构问题"，在当前多元化的社会里，建构多元化的社会记忆，有赖于形成一套完整的互构机制，以达到理想的社会记忆效果。所谓互构"是我们对参与互构主体间的关系的本质刻画，即指社会关系主体之间的相互建塑与形构的关系"。

（一）口述校史档案参与者之间的互构

高校口述校史档案形成者包括采访人、受访人和信息处理加工者，他们之间形成的互

构是实现从"历史记忆"向"真实记忆"转换的关键环节，主要包括：采访者与受访者之间的互构、各采访者与受访者之间的互构、采访者与信息加工形成者之间的互构。

1. 采访者与受访者之间的互构

大多数受访者是事件的亲历者，所以他们口述的资料也可以说是学校发展的第一手资料。但是，因为人的记忆具有一定的盲目性和模糊性。尽管采访是一个有计划的过程，在采访过程中难免会出现偏离主题或出现"真实谎言"的现象，也因为人的记忆具有柔弱性、主观性和随意性，即记忆具有利己主义倾向，受访者因个人的知识水平、情感、表达方式等方面的影响，会有意屏蔽某些记忆或故意歪曲一些事实。如果采访者在采访的过程中不与他形成互动，受访者在回忆学校历史的过程中难免会掺杂些"莫须有"的戏剧化事实。这种经过反复过滤和多次加工后的记忆产生的口述材料往往会脱离历史的轨道，成为带有个人偏见的"历史记忆"。但是，如果在采访过程中经过采访者的不断引导，受访者的记忆就会回到真实的轨道上来。另外，采访者还要不断对受访者记忆的真实性与历史性进行比对、甄别，把握口述过程中缩小、隐藏、虚构、夸大、扭曲的部分，力争使口述成为"真实记忆"。

2. 各受访者与采访者之间的互构

在受访主体条件允许的情况下，高校口述校史档案的获得采用受访主体与项目队伍集体座谈的形式，受访主体是主题的亲历者或亲闻者，其主体对象是由多层次的人组成。尽管记忆是动态的，具有不确定性，每个人对往事回忆都会出现失漏、错位，但是经过多人回忆，记忆会相互补充，甚至成为具有可验证性的"真实记忆"。曾有学者认为，口述其实是以利益为边界区分"自我"和"他人"的一个记忆过程，口述者会不断权衡自己的利益，在口述过程中有意避开敏感的问题，但在知情人面前那种护短、利己主义思想会得到收敛，在道德上会不断地修正。采访者掌握主题的知识也具有避免性，采访的风格不一定符合每个人的品位，正如"萝卜白菜各有所爱"，因此以集体座谈式取代独访是各受访者与采访者之间互构的重要手段。座谈可使口述者在轻松的环境下形成互动，活跃思路，修补记忆，利于对校史的补充，座谈还可以丰富口述者的业余生活，提高口述者对校史抢救的兴趣，增强主动性。如华东理工大学于2012年在新闻网开辟了"口述校史"栏目，引起了师生的共鸣，师生员工及校友共同回忆，激发起埋藏在脑海深处的记忆，筑建了共同的集体记忆。

3. 采访者与信息加工形成者之间的互构

信息加工形成者要以采访者带来的口述资料为基础，经过与现成文字及不同采访者的口述资料做比较、甄别、重建，实现从"记忆之真"到"历史之真"的巨大转变，从而形成易于理解和接受的口述校史档案。同时，采访者又要以形成口述校史档案为目的，在获得资料时尽量多注重采访和拍摄细节。在整个过程中拍摄是非常重要的，因为它涉及时间、地点、人物、事件、表情及空间等关联信息。这对信息加工形成档案及日后档案利用都很重要，细节的拍摄能使信息加工者和读者对受访者的情绪变化、表情等元素有进一步的展示。

（二）高校口述校史档案与文本档案之间的互构

高校口述校史档案与文本档案之间的互构，包括高校口述校史档案对文本档案的解构和文本档案对高校口述校史档案的建构两个方面。高校口述校史档案是对文本档案的补充和解释，文本档案是口述校史档案的支架。高校口述校史档案的形成必须遵循以文本档案为轨迹，去寻找可补充、完善、丰富的有利资料，特别是口述者在回忆一些细节时，时间节点上的误差必须依靠文本资料来考证。如果高校口述校史档案脱离了文本档案这一轨迹，任何形式多样、载体丰富的口述材料都是无法验证的伪档案。反过来，文本档案如果没有口述校史档案的解构，文本档案会显得内容单一、不完整，甚至缺乏生机与活力。高校口述校史档案既能揭示高校校史档案的一些背景和重要细节，又能勾勒出学校在发展过程中形成的一幅立体的、形象生动的、有血有肉的历史画面。例如知名校友口述校史档案的形成要以教学档案为核心进行拓展，而教学档案又要依靠知名校友的口述校史档案，才体现它的教育和文化功能，才能推动学校的正面宣传。再如我校大批反映婚嫁、丧葬等梅山生活的特色档案，都是以传统梅山文化为轨迹形成的，并以文字、声像、电视专题片等形式为载体，既丰富了馆藏，改善了馆藏结构，又传承了梅山文化。

（三）高校口述校史档案与声像、实物档案之间的互构

高校口述校史档案的征集可与声像、实物档案征集相结合，可以通过声像、实物档案来修正和补充。不少老一辈创史家都收藏大量珍贵的历史照片、奖章等不同形式的声像、实物档案，这些声像、实物档案不仅能验证受访人记忆的真实性，而且能更加充分而直观、生动地反映口述校史档案的内容。如果我们能把这些珍贵的声像、实物档案在征求口述者同意的前提下，进行征集或者复制，不仅丰富了馆藏，扩大校史范围，还能使高校口述校史档案变得更加真实、直观、形象生动。

综上所述，高校口述校史档案是事件的亲历者，以"大众记忆"的方式，对学校发展最真实、最生动的再现，也是学校发展史上非物质文化遗产的抢救和补充，具有传承办学理念、弘扬传统文化、推动正面宣传、改善馆藏结构、丰富馆藏内容等重要作用。对高校口述校史档案真实性进行研究，有利于提高高校口述校史档案的学术地位，实现其应用价值。

第四节 基于校史展的高校照片档案管理

高校校史展是在一个固定的场所以照片、文字、多媒体、实物作为主要载体，将学院历史变迁的重要梗概真实地反映出来，使教职员工、学生乃至全社会了解高校，以实现宣传高校交流文化、科技发展等方面的信息。照片已成为校史展的重要元素，因此，照片档案的规范化管理日益成为高校档案管理的重要部分。本节以"南师大泰州学院建院十周年"为蓝本，就校史展浅谈照片档案的重要性。

校史展是为了追寻学校艰苦创业、和衷共济的历史足迹。展板作为学校办学历史的再现与反映，各种史料照片更是成为校史展板设计不可缺少的内容。照片档案发挥着举足轻重的作用。照片档案作为一种原始信息的记录，形象直观，画面中包含着丰富的信息且不受国界、语言的限制。正是由于这些特点，照片成为校史展等史料展览的重要元素。然而，目前许多高校对照片档案的管理还不是很规范，存在一些问题值得探讨。

一、目前高校照片档案管理的存在问题

（一）照片形成者众多，归档率较低

在高校，照片的拍摄者以宣传部门为主，教务、团委、院系等各职能部门为辅，各部门拍摄后，大多不能按照《照片档案管理规范》进行管理，也不太可能及时送交档案馆（室）存档。由于涉及部门多、人员杂，又不能及时归档，造成照片档案的大量散失。照片档案产生后的无序存放，也是照片档案管理混乱的重要因素，这是目前照片档案与文书档案管理存在的不同点。文书档案定期归档是实现文书档案有序管理的关键，如果照片档案也能按年度定期归档，就能在一定程度上保证其收集的完整性。

（二）照片档案整理不规范

国家档案局2002年制订了《照片档案管理规范》等相关文件，对照片档案的整理要求是：底片单独整理和存放，照片和文字说明一同整理存放。而高校有关部门拍摄照片后，重视正片，忽视底片的情况比较普遍，致使底片比照片存放更为混乱，造成照片档案的不完整。照片档案同时配有相应的文字说明，力求完全、准确地反映照片的信息。它包括照片的事由、时间、地点、人物、背景、拍摄者六项要素。一张照片所反映的是静止的、无声的一个历史瞬间，它只给我们一些直观的概念，如果没有详尽的文字说明，就不可能完全、准确地反映它所要表达的内容，从而降低了它的使用价值。

（三）照片档案保管条件不符合要求

由于照片档案形成材料的特殊性，加上平常保管不规范、管理不科学，许多照片影像均不同程度地衰减、霉变、泛黄、褪色，底片出现粘连、霉斑等现象。造成照片档案损坏的原因大致是：（1）高温潮湿。（2）机械性损伤。（3）定影和水洗不足。（4）灰尘污染。（5）光线的影响。

二、高校照片档案管理的基本原则

（一）确保照片档案的归档率、完备率

高校照片的主要来源，一是高校各职能部门和院系，包括宣传部、教务、团委等部门，主要是宣传部门；二是从个人手中征集。从许多高校举办的校史展看，征集的照片占有一定比例，这些照片非常珍贵，有特殊的意义和价值，而且文字标识很详细。因此，学校应

制定相应的制度，使拍摄者能按照要求与规范将所拍摄并标识好文字说明的照片及时向档案馆（室）归档。

（二）积极推进数字照片的信息标准化

目前，随着信息技术的发展，照片档案的拍摄主要由数码相机完成。照片档案除了要有数量外，更要有质量。这包含拍摄水平和拍摄内容。学校的重大会议、重要来宾、重大活动大多有人拍摄，而学校教学、科研、学生学习、院系活动的照片就显得十分欠缺，因此，导致许多高校档案馆（室）所藏的照片档案内容不全面，不能完整地反映学校的发展历史与全貌。教师、学生是学校的主体，教学是学校的中心工作，如何拍摄出反映办学特色的照片，这是照片档案质量的关键。

（三）建立健全照片档案的管理制度

针对照片档案内容单一、收集困难的情况，应根据国家档案局《照片档案管理规范》、《数码照片归档与管理规范》的规定，结合各高校的实际制订一套照片档案收集、整理与保管制度，对归档时间、归档范围、归档要求、保管条件、利用要求、定期检查等做出具体的规定。《照片档案管理规范》规定：照片冲洗加工后，由摄影者或承办单位整理并编写说明，及时向档案馆（室）归档。常规照片应包括底片、照片和文字说明三部分。归档时这三部分要齐全、完整。照片的标题和文字说明，是整个照片的有机组成部分。一张照片如果没有文字说明，也就没有利用和保存的价值。在编写文字说明时一定要综合运用六个要素，概括揭示照片的全部信息，语言简洁、明了，突出重点，一般在200字以内。

（四）明确照片档案的保管标准

（1）要做好照片、底片入库检查与库内定期检查照片、底片是否受潮、发霉、发黏和带有腐蚀性气味；是否有指纹和污迹；是否发黄、发生斑点；是否变形；彩照是否褪色等。严格把好入库关，对出现问题的照片、底片及时做好补救工作，对损坏的底片、照片应进行修复或重新拷贝。对已在库内的照片档案应定期检查，并作详细的记录，以备查考和补救。（2）严格控制库房的温湿度，根据（GB/T11821-89《照片档案管理规范》）规定，保存底片的适宜温湿度标准为：温度13～15℃，相对湿度35%～45%。保存照片的适宜温度14～24℃，相对湿度40%～60%。温湿度的变化应小于±2℃、±5%。照片出入库房，急剧的温差会使胶片发生"出汗"现象，有损胶片片基。因此，进出库房的胶片必须在过渡间内放置一段时间，严禁直进直出。（3）做好环境卫生，提高库房内空气洁净度，空气中的有害气体对照片档案的影响也很严重。按照标准，库房空气质量应达到国家一般规定标准，每立方米空气悬浮微粒总量不超过0.15毫克。因此，必须加强库房环境卫生工作，经常用吸尘器进行打扫，坚持工作人员出入换衣、换鞋制度。机械通风进风口的空气须经过高质量过滤网，自然通风应在每日清晨空气洁净时间进行，要确保库房的环境卫生。

三、基于校史展的照片档案管理举措

为了更好地发挥照片在校史展中的作用,照片档案的管理除了要遵循一般性的管理规范与制度外,还必须有一定的特殊管理要求。

(一)做好历史老照片的数字化转化工作

随着社会信息化的不断发展,网络技术的广泛应用,照片需进行扫描刻录、制成光盘,既很好地保护了照片档案原件,又方便了利用,为历史研究提供了系统、生动的史料。目前许多高校档案馆(室)都已对馆藏的照片进行了部分(或全部)扫描,大大提高了照片档案在校史展中的利用效率。

(1)照片档案转换技术。扫描过程是照片档案数字信息转换不可缺少的一个重要环节,驱动程序是扫描过程的核心技术之一。我们进行传统照片档案及正负底片的扫描,都是在操作应用程序的过程中逐步完成的。Epson Expression1640XL 采用了 Epson 的"精微真彩"扫描系统,集成了"微步进"驱动、高品质感光、同步三原色扫描和动态范围控制四项技术,对照片档案的扫描在技术上要求游刃有余。它所具有的扫描和光学辨识功能主要包括:一是可根据照片档案的色彩、灰阶、黑/白色选取色彩模式进行扫描;二是可根据利用者的需要来设置分辨率进行扫描;三是可用图像增强功能对预览中的数字图像,进行对比度和色彩校正,即在扫描过程中对图像进行还原和修复,改善数字图像的质量;四是除了一般传统照片档案的扫描,还可进行正负片档案的透射扫描。照片档案经扫描便以数字形式采集到计算机系统转换成数字图像,原有的画面中的每一个小点(一个画面中可能有几十万个点)的明暗及色彩都被转换成 0 与 1 的数字讯号,经计算机系统编辑处理而成为数字照片档案。

(2)照片档案生成技术。照片依赖计算机操作和应用软件而具有生命。通过数字化程序进行处理,SM/CF、XD 读卡器和 USB 驱动程序,能轻松地把数码相机所摄取采集的数字信息,直接输入计算机系统内成为数字照片,而它取得数字图像的品质会高于扫描取得的数字图像。

(二)对照片档案标识要科学、规范

有些照片档案的表现比较复杂,形式与本质的矛盾较为突出。我们面对照片时,必须具备透过表象看本质的能力,不被假象所迷惑,要善于发现问题,勤于思考,要用批判与分析的眼光研究利用。同时对这些照片所反映的时代信息、照片档案的真实性和价值也必须予以准确说明。

(三)做好照片档案的备份和数字存储

许多高校为举办校史展而征集的历史照片,往往是照片原件归还个人(自愿捐赠者除外),档案馆(室)只保留了照片的扫描件。因此,馆(室)征集来的大量珍贵照片主要

是以电子的形式保存的。为预防因计算机设备故障、操作失误、计算机病毒、黑客高手等造成的数据损毁或丢失，应对存放于计算机硬盘中的照片和构建好的数据库进行备份，实行光盘存储或脱机保存。只读光盘是照片档案的理想存储载体，光盘刻录完毕后应对光盘进行全面检验，包括刻录内容是否齐全完整、真实有效，光盘有无划痕、是否清洁等，合格率要达到100%，确保今后对光盘所存数据的有效读取。检验完成后，要对同一全宗的光盘进行编号，打印粘贴光盘封面，编制必要的检索项等。

（四）建立照片档案的信息管理系统，提高信息标准化水平

根据照片档案载体的变更，加强归档监督。随着科学技术的迅猛发展，照相器材也在不断更新换代。从黑白照片到彩色照片，从胶片成像到数码拍照，照片载体由纸质转换为光盘，产生了质的变化。照片档案的归档工作也随之出现了新的问题。从客观上看，数码相机随意性很强，产生的电子照片丢失的概率很高。如果不及时备份，很容易丢失。从主观上看，产生照片档案的部门，如果工作人员档案专业知识欠缺，归档意识淡薄，就会使照片档案的完整性和系统性受到影响。为此，档案部门对照片的归档监督极为重要。要做好照片的归档工作，必须从以下几方面着手：一是要加强对照片摄制人员的档案专业知识培训，使其掌握与照片相关的基本知识，增强归档意识；二是要关注本单位重大活动的信息，及时催要电子照片归档。目前许多高校档案部门都通过学校网站的新闻公布随时对宣传部等部门拍摄的重要照片进行催交归档，避免了因时间推移而造成的照片丢失；三是要将归档的照片光盘在交接时打开浏览，发现问题及时与移交人协商补缺。随着高校教育改革地不断深入与发展，面对国家、社会对照片档案的要求日益增强，照片档案的历史记忆和教育功能必将会越来越发挥出它的重要作用。因此，我们对照片档案的系统管理还需继续加强研究，以便使它的特性和价值得到充分的展示。

第五节 实物类高校校史微档案资源建设

当前众多高校校史研究的目光转向普通的学生、教师这样的个体和班级、社团、课题组等这样的微型组织在学校期间所产生的微档案。做好实物类校史微档案资源建设需要厘清实物类微档案的定义和分类，分析实物类校史微档案资源建设的现状和影响因素，在此基础上来探求实物类校史微档案资源建设的方法与路径。

高校的校史研究日趋成为大学文化建设的重要组成部分，而校史研究离不开校史档案。当我们拓展研究校史视角，从宏观规律转向微观个体，从校长、院士转向普通师生这些普通的校史档案形成主体，如教师、学生、班级、社团，发现其档案的存在意义和价值，从而建立一种对校史研究非常重要的新的档案类型——校史微档案。本节重点探讨实物类校史微档案资源建设的方法与路径。

一、实物类校史微档案的定义和分类

（一）实物类校史微档案的定义

微档案是近几年才产生的一个新概念，是个人或微小的组织在各类实践活动中形成的具有保存查考价值的原始记录。微档案的社会查考价值相对微小，但是微档案对其形成主体的价值却十分重要，同时由于社会上微档案的总体数量十分庞大，所以从微档案的整体价值来看是十分可观的。校史微档案是个人或微小的组织（如教师、学生、班级、团支部、各种社团、课题组、教研室、实验室以及一些临时性的活动小组）在高校各类学习、生活、工作、科研、文体等各种活动中形成的具有保存查考价值的原始记录，其形式可以是实物，也可以是数字化。

（二）实物类校史微档案的分类

第一，教师形成的微档案。包括每一门课程的备课笔记、试卷、讲义、手稿等，同一门课把不同时期不同老师的与此门课相关的微档案都收集起来就是形成这门课程的发展史。第二，学生形成的微档案。其范围可以贯穿学生从入学到毕业完整的过程，从入学的录取通知书，有保存价值的课堂笔记、实验报告、论文手稿、制作的道具模型、毕业设计，甚至是闲来画的漫画和素描。第三，班级微档案。包括班级全体学生名单、每学期课程表、学习成绩等以外，还应包括学生介绍、历届班团委名单、班级公约、各项班级制度、学期工作计划和总结、班级活动记录、学习工作材料、党建团建材料、各类奖惩情况等材料。物品类的包括班旗、班徽、奖状、奖杯等有识别功能和纪念意义的实物档案。第四，社团微档案。学生在班级之外最重要的组织活动就是社团活动，如今高校的校园文化丰富多彩，各种学生社团大量涌现，组织的众多学习、科学、体育、文艺活动中也留下了大量的档案。文件类的包括社团筹备、登记申请材料、有关业务主管部门审查文件，以及社团章程、领导成员的简历证明等材料。物品类的包括社团旗帜、奖状奖杯、每次社团活动的有保存价值的海报、道具、作品等。第五，其他微组织的档案。教研室、课题组、实验室、兴趣小组等是相对小众化一些的校园微组织，但在其开展活动的过程中也会产生一些有保存价值的微档案，比如共同设计的产品图纸、设计蓝图、有科研价值的实验装置、共同创作的文艺作品等等，也是整个高校微档案的不可或缺的重要组成部分。

二、实物类校史微档案资源建设的现状和影响因素

实物类校史微档案有以下几个特点：

"多"是指种类繁多，数量巨大，增长较快。实物类校史微档案产生于校园学习生活的各个领域，种类繁多，而每个高校有数万名教师和学生，加上教师和学生在学校内长期工作学习生活，几乎每一天都会生成相关的微档案，日积月累使得数量巨大，而且是不断

地增加。

"散"是指校史微档案的资源形成的主体多元化，有成千上万的个体和几百个微组织，形成的微档案分散在不同的场所、不同的校区。而且微档案的载体类型材质多种多样，有纸质材料，有多种材质的模型，有金属制品等等，关于校史微档案的收集没有法定依据，缺少统一标准。教育部 27 号令只是对官方认可的档案材料收集标准做出了规定，至于对零散的个人、微组织形成的微档案则没有给予关注，缺乏统一的标准。在有限的保管条件下不可能照单全收。

"弱"是指校史微档案在整个高校的档案资源建设体系中处于非主流、边缘化的位置，普遍受重视程度不够。原因在于长期以来国内高校校史研究都着眼于探求一种宏大历史背景下高等教育发展的"规律"和杰出校友的成长"路径"，注重精英思想和制度形成，却忽视了历史进程中各种普通人物活动及其事件，这就导致了高校校史档案资源建设的收集范围局限于有关法律制度规定得比较官方的档案材料，而这些档案材料又以文件类为主，实物类档案所占的比重很小。加上高校档案馆普遍存在库房不足的问题，涉及普通教师、学生、微组织的实物类微档案更是难入档案馆的库房。

三、实物类校史微档案资源建设的方法与路径

"多、散、弱"这些问题的存在，使得实物类校史微档案资源建设难以有效开展，因此必须从思想意识、体制机制等方面着手，遵循科学有效的方法和路径进行实物类校史微档案的资源建设。

树立"大校史观"，完善校史实物微档案资源建设的体制机制。高校的档案管理机构应该树立一种"大校史观"，提高对校史微档案的重视程度，认真调研梳理涉及普通教师、学生、微组织的实物类微档案的分布与构成，出台相关政策，建章立制，科学制定收集标准。制定管理办法、收集范围制度、查（借）阅制度、利用制度、奖惩制度等使实物类微档案的资源建设做到"有法可依，有章可循"。

建立专门的机构和人员队伍。目前，绝大多数高校档案馆并未设立专门的部门负责实物类校史微档案的管理。二级院系和相关部门的档案管理人员也只是收集了一些教学类的档案材料。针对校史微档案"多、散、弱"的特点，应该建立一套"档案馆—院系—班级"三级网络工作体系，每个班级可指定一名学生负责班级里的实物微档案的收集，再由院系的档案员进行鉴定和挑选，再归档到学校的档案馆的微档案管理部门。这样可以确保最重要的、最有价值的实物微档案不会被遗漏，同时也保证档案馆库房资源具有可持续性。

加大宣传力度，提升实物类高校校史微档案形成主体的档案意识。对数量众多的实物类高校校史微档案形成主体具有良好的档案意识是做好校史微档案资源建设的前提和基础，因此高校档案工作者通过报刊发文、网络媒体、展览等多种形式来加大校史微档案的宣传力度，使广大师生认识到校史微档案的重要意义和基本的鉴定、整理和归档方法与流

程，以此夯实实物类校史微档案资源建设的广大主体基础。

提高实物类校史微档案资源建设的信息化水平。由于实物类校史微档案存在"多、散、弱"这些问题，为了提高其归档的效率，必须加强资源建设的信息化工作。高校档案管理部门在做资源建设顶层设计时，要考虑建设统一的实物类校史微档案管理信息系统，可以利用云计算、云存储、云检索等技术将传统档案管理模式升级的智能化网络平台，它拥有海量存储、实时管理、远程服务等众多应用优势，能实现档案管理软件更新和档案内容的无限扩充。让各级专兼职档案员在归档时能够录入微档案的基本信息，上传实物照片，让档案馆的工作人员可以远程指导鉴定和归档。在库房管理中也要利用物联网技术，这样可以在人力有限的情况下保证校史微档案管理的安全、可控、有序。

第六节　高校档案馆和图书馆共建校史资料库

高校史料库的建设对于保存高校文化，培养师生文化认同有重要的意义。高校档案馆保留着丰富的校史资料，而图书馆有更好的宣传服务平台。本节分析了档案馆与图书馆合作共建校史资料库的作用、意义和可行性，并且提出了共建校史资料库的模式，希望推动高校档案馆与图书馆共同协作，促进高校校史资料库的建设和利用。

高校档案馆作为高等院校重要的信息机构，保存着丰富的高校发展历史的档案，其中包括历史文件、照片甚至实物资料。这些丰富的历史文献资料有必要开发整理出来，并对外宣传和展示。高校图书馆作为长期对高校内师生进行信息服务的机构，能够将档案馆所整理的信息进行数字化加工并加以宣传，有效扩展宣传的范围，由高校档案馆和图书馆协作共建的高校校史资料库将对培养高校内广大师生的感情有重要意义。

一、档案馆与图书馆合作共建校史资料库的作用和意义

（一）促进档案馆馆藏校史资料的利用开发

档案馆与图书馆共建校史资料库首先有利于档案馆自身馆藏校史资料的开发和利用，高校中有关学校历史文献资料的收藏一直是高校档案馆工作的重要内容，档案馆内保存着最完整最系统的学校历史文献资料，包括学校历次重大事件的文件、照片、历史实物和历届教师和毕业生的记录，其中不乏知名校友的在校记录，这些尘封的档案资料对高校是巨大的宝库，是高校过去足迹的记录，对其充分的开发和利用能够有效地促进高校内校情校史宣传，加深师生对学校的印象，培养师生对学校的感情。

（二）丰富图书馆馆藏资源，提升图书馆的信息服务

档案馆与图书馆建设校史资料库也有助于图书馆馆藏的自身建设，校史资料库的建设促进图书馆对本校文献资料的收藏，填补图书馆在本校历史文献资料收藏中的空白，促进

图书馆自身特色馆藏的建设，以及图书馆的信息服务的水平，为高校内进行高等教育发展研究的读者提供更加充分的原始资料，为高校进行政策决策提供历史依据。此外，图书馆也可以有效弥补档案馆的服务和工作的不足，虽然近几年来高校档案馆积极开发所保存的校史文献资料，例如：部分高校档案馆每年举办专门的校史展览，编撰校史会议文献和图片集，甚至组织专门的校史馆进行宣传，但由于缺乏长期有效对外服务的窗口，因此其服务时间的范围总是有限的，所整理出来的校史文献资料整体的利用率较低，无法达到促进本校师生对学校的了解和培养师生对本校感情的需要。图书馆是高校专门为全体师生提供信息服务的部门，有良好的信息服务平台和窗口，并且有丰富的信息宣传的经验，能够有效地将信息传递给需要的读者，因此两者相互合作建立校史资料库能够有效地开发档案馆所保存的校史档案，使其能够发挥最大效益。

（三）兼顾校史文献资料的原始保护和充分利用

档案工作的重点主要在收藏，即如何更好地将信息保存起来，因为档案馆所保存的信息多为原始信息，易于损坏和丢失，因此，从保护信息的需要出发，档案馆较少进行对外服务，导致通过档案馆查找校史文献资料存在着很多的障碍，如：高校很多已毕业的校友回校通过档案馆查找自己当年的记录和照片却不对不面对复杂而自己并不熟悉的查找过程和教长时间。图书馆工作重点是对外服务，即将信息传递给所需要的读者，有着良好的读者服务系统，通过档案馆与图书馆的合作，将校史文献资料进行数字化，通过图书馆自身的数字化信息服务系统将档案馆所保管的校史文献以读者熟悉的方式传递给需要的读者，可以有效地减少因档案保管需要所产生的信息障碍，充分利用档案信息。同时，通过图书馆与档案馆的合作将档案资源数字化，实现读者网上查找校史文献资料，可以减少读者使用原始档案的频率，最大限度实现对原始文献的保护。

二、档案馆与图书馆合作共建高校校史资料库的可行性

（一）档案馆为校史资料库提供了丰富的资料

高校档案馆在校史资料库的资料收集方面能发挥巨大优势，首先，档案馆在收集校史文献资料上已经形成一套较为成熟的规整制度和工作流程，能够在长期的工作实践中接触和收集到丰富的校史文献资料，其次档案馆有充足和经验丰富的工作人员能够充分参加收集工作，各部门分管档案工作的人员定期送档保证了本院重要文件和校友资料的完整，为高校校史文献资料的采集创造了有利的条件。而其他学校机构，如：高校图书馆，虽然也通过购买、校友捐赠等方式收集到大量的校史资料，但无法收集到完整的校史资料，特别照片、实物等资料，

（二）图书馆为校史资料库的展示和利用提供平台

高校图书馆长期对校内读者提供信息服务，其管理方式和服务方式使读者能够方便快

捷地获取资源，随着高校图书馆内信息化水平的提高，使高校图书馆的信息技术水平也越来越高，将文献资料数字化并建立数据库的经验较为丰富，能够将档案馆所藏的校史资料的特点充分表现出来，并以便利、快捷的方式对其进行组织。高校读者也熟悉图书馆文献的检索方式和利用方式，将档案馆所收集到的校史资料通过图书馆的平台和技术进行加工并展示，实现文献资源的最大价值。

（三）高校的管理模式提供了资金和人员保障

高校校史资料库对校园文化建设具有重大的作用，可以引导学生基础和发扬高校自身所传承的文化和精神，促进学生的发展和高校自身的精神建设。因此，只要高校图书馆和档案馆能够充分说明校史资料库的作用，就理应获得学校管理层在资金和设备上的支持。此外，在人员方面，高校的档案馆和图书馆都有较多的信息管理专业人才，能够对资料库内的信息进行有效管理，并通过图书馆的宣传平台充分地发挥其优势。

三、档案馆与图书馆合作共建高校校史资料库的模式

为了克服建设校史资料库可能遇到的障碍，高校在组织本校的校史资料库的时候，应充分发挥档案馆与图书馆在信息建设与服务领域的各自的优势，充分合作，采取合理的方式建设资料库。

（一）高校校史资料的采集

档案馆的校史资料采集工作可以采取三种方式：①从已保持的高校档案中收集整理适合存放在校史资料库的内容，②由各学院负责档案的工作人员将各院系中散落的校史资料统一收集，③向高校内的老教师、老职工征集有关校史的个人照片和实物；征集来的资料应在档案馆完成相关的档案著录、存档等工作。同时向校史资料馆提交资料的复印件，并根据资料库的要求进行整理，同时，对涉密校史资料进行妥善处理，然后将整理好的数据、照片和文本进行集结，提供给图书馆的相关部门做处理。如果条件允许，档案馆应同时向图书馆提供纸本节本和数字文本的校史资料，减少进行数字化所产生的工作量。

（二）校史资料的数字化加工、整理和存储

图书馆信息技术部门应对所收到信息进行整理，规范已有的数字化文档，同时对只有纸质形式的文献、照片进行数字化加工，保证所有的校史资料都有数字存储。并与档案馆档案著录人员合作将论文以网络文献通用的"元数据"的方式进行著录，将校史资料的主要形态描述出来，方便读者进行检索。在保存校史资料时可根据文献资料的特点、内容和保密程度建设三个子数据库：一是校史文件库，主要收录历年来学校的重要文件和通告，二是校友录库，主要收录历届毕业生在校的记录，为了保护个人隐私，校友录库应只允许校友个人通过个人验证方式访问，三是照片和图片库，主要收录有关学校历史场景的照片和实物照片。

（三）资料库服务平台的建设

为了充分展示高校校史资料库的资源，图书馆信息技术部门必须首先建立一个良好、便捷的用户界面，吸引读者使用，其次应提高资料库的开放程度，通过技术手段使用户在办公室、家庭或任何一个地方的终端都能共享资料库内信息资源和信息服务，方便读者利用资料库的文献资料。再次，应保持资料库的时效性，保证高校每一年新出现的校史文献都能迅速上网。

（四）资料库的宣传和推广

高校校史资料库完成建设后，应由图书馆宣传和咨询部门负责向全校师生宣传和推广，宣传的主要对象是刚入校的新学生、对本校教育发展进行研究的老师和已经毕业的老校友，让校内师生了解校史资料库的内容和使用方法，促进校内师生对自己感兴趣的文献进行检索和查询，同时，应注意限定资料库的使用范围，避免任何侵害个人权利的法律问题和涉密问题发生。

高校校史资料库的建立能够充分发挥高校档案馆和高校图书馆各自的优势，将存在在档案馆内的"死"档案转变为"活"资源，为校内的教学和科研活动提供服务。这也必将成为档案馆和图书馆之间打破部门管理界限，相互合作的有意尝试，为提升档案馆和图书馆提升自身服务具有重要意义。

第七节 基于大学生校史教育的高校档案资源开发

本节将近年流行于大学生思想教育领域的校史教育引入高校档案资源开发，探讨高校校史教育档案资源开发的必要性及开发原则，以期二者的共同发展。

大学文化之根本是"育人为本"，传承文化是现代大学四大功能之一。校史教育是实现大学文化传承的重要组成部分，是爱国主义教育的优秀教材，有助于大学生树立正确的世界观、人生观和价值观，增强大学生对母校的热爱，培养大学生的学习兴趣，增加大学生就业的信心。校史教育是大学实现人才培养的重要途径，其根本目的是"育人"。为了正确认识与发展校史教育，使校史教育课程更好地配合其他课程并培养大学生成为一位合格的社会主义建设者与接班人，同时为了突破高校档案资源开发服务领域传统模式，校史教育服务成为高校档案资源开发的一个重要方向，笔者尝试将近年流行于大学生思想教育领域中的校史教育引入高校档案资源开发，探讨校史教育高校档案资源开发的必要性及开发原则，以期实现二者的共同发展。

一、高校档案资源开发为校史教育服务的必要性

高校档案资源开发与校史教育，二者无论是从目的层面、资金来源、还是从互相影响

来看，高校档案资源开发必须为校史教育服务，具体阐述如下：

（一）目的"殊途同归"

高校校史资源是高校在办学过程中形成的，能被人们开发，且能获得经济和社会效益的各种自然条件和社会要素的总和，校史教育是通过一个学校的校史资源来达到教育目的的活动。高校档案资源开发顾名思义指对高校档案资源进行开发。从二者的含义来看，校史教育的根本目的是"育人"，而高校档案资源来源于高校开展的教学活动、科学研究、行政管理等活动形成的材料，反映了学校的"育人"面貌，从这个意义上说，高校档案资源开发源于学校"育人"核心内容，其目的也应围绕学校"育人"这一中心展开与服务，其与大学的"育人"核心功能相承。故二者在"育人"一途上可谓"殊途同归"。

（二）资金来源交叉重叠

校史教育资源从档案的范畴来划分，主要包含非档案资源和档案资源。非档案资源主要包括以物质形态存在的校园历史建筑和文物古迹、普及科学知识的实验室、教学实验基地、传承校园文化的校史馆、德艺双馨的教师、知名校友、个人回忆、笔记、传说、逸闻、故事等。校园内的一草一木、一山一水、一砖一瓦无不体现悠久的办学历史，镌刻浓厚的文化气息。档案资源包含高等学校从事招生、教学、科研、管理等活动直接形成的对学生、学校和社会有保存价值的各种文字、图表、声像等不同形式、载体的历史记录，即高校档案资源。历史记录承载并传播着部分大学精神。高校档案资源开发的对象主要是校史教育资源的档案资源。由此可见，校史教育资源与高校档案资源开发的资源存在着交叉重叠。

（三）影响相辅相成

一方面，高校档案资源开发的蓬勃发展和成果的多样性反过来丰富校史教育资源，促进校史教育发展。高校档案资源承载着办学历程中形成的丰富确凿的文献资源，其中包括大学文化内容，大学的发展定位与荣誉、管理体制、为人师表的教师形象，莘莘学子的学习精神等一系列重要的、可靠的历史记录。历史需要展现，也需要学习，更不能忘记。正因如此，开发高校档案资源越来越受到学校领导和专家学者们重视，而且积极有效地开展了许多建设与研究工作。主要表现有：建立研究机构；加大档案收集与开放力度；增强档案服务意识，树立人本、民本思想；建立开发与利用制度；编撰出版物，为校名教育服务等。其记录信息多样性，有文字、图表、声像等不同形式，为开发提供多种可能性。从载体形式而言有纯文字式的《××大学年鉴》、图表式的《图说××大学》、声像式的《××大学的宣传片》等，从产品形式来看有专题展览、专题汇编、大事记、组织沿革、珍贵资料复印等。其开发成果蕴含着大学发展规律、大学精神、人文知识，不断启人深思，生成新的大学精神和大学理念。因此，成果皆可列入校史教育资源的建设范畴之内，提供档案文献信息，建立人物纪念馆、校史馆等，使之成为新的"育人"材料，进一步推动校史教育的发展。另一方面，内容丰富、视觉直观、形式多样、特色鲜明的校史教育又反过来推动高校档案的资源开发。许多的校史教育资源是档案资源与非档案资源的紧密结合体，可让校史教育资源更具有特色与优势，例如校史教育资源之一的学校建筑变迁史，它是将一所大学仍然保存下来的古香古色的建筑物拍摄成图片，加上学校原来建筑物的历史照片编撰成的，正好把充满岁月痕迹的校舍楼宇向我们展示，如同打开一幅跨越年代的画卷，一部凝固的校史，无声地记录着悠悠学府的流年碎影。甚至还可以亲临建筑物触摸与感受它深厚凝重的人文积淀。又如校史教育资源之一的知名人物纪念馆，它运用到大学大师们的个人自传、专著、珍贵手稿、教学与科研成果等材料中，并且大部分来自人物档案，其内容无不体现着大师们治学精神、人格魅力、为人师表的高贵品格，教育和激励后人。可见校史教育能利用到大量高校档案资源及其开发成果，随着校史教育逐步受到重视与发展，也推动着高校档案资源建设与开发。

二、高校档案资源为校史教育服务的开发原则

综上所述，校史教育与高校档案资源开发二者相辅相成，密不可分。高校档案资源有为校史教育开发服务的必要性，可遵循的开发原则有：

（一）缜密考证档案史料原则

从档案形成过程的真实与档案所载的信息真实，二者缺一不可的观点来分析，公众具有一个共同的认识，档案的真实性要高于其他文献。但是也会有"伪"档案产生，只不过它并非出现在档案的产生和形成之时，而是在档案管理的过程之中，对档案进行了错误的判断和处置，或是有意混淆，人为造成档案之"伪"。为此，我们在利用档案时必须采取考虑此档案产生、形成、人为等影响辨别"伪"档案的因素，有时还需要参照和对比其他已有的史料，进行认真梳理，缜密考证的态度，如此才能还原档案反映的历史本来面目。也只有如此，高校档案资源开发为校史教育资源建设的成果才富有真实性、说服力，如果不采取谨慎的态度，仔细进行对比、考证，即使利用原始档案，同样会做出与史实大相径庭的推断。

（二）符合培育与践行大学生社会主义核心价值原则

校史资源承载着一所大学人文精神的丰富内涵，是大学生践行社会主义核心价值观的素材。高校档案资源对于校史教育资源建设有独特优势，为此高校在充分开发和利用档案资源时，应将档案资源贯穿大学生社会主义核心价值体系教育的全过程，开发与利用的档案资源应从加强大学生对校史校情的系统研究和资源开发，加强以弘扬大学精神为主旋律的校园文化建设，加强师德师风和优良学风建设，加强知名校友资源的开发等理念出发。

（三）特色化原则

近年来，高校档案资源逐渐得到重视并产生许多成果，但成果普遍存在选题面窄，千篇一律，实用性不强，编多研少，缺乏针对性与时效性等问题。如何把特有的档案开发成特色的档案产品是当下众多高校面临的问题之一。针对校史教育资源建设，笔者认为首先

应立足本校馆藏资源，充分分析资源特点，提炼特色；其次紧紧围绕大学生对校史的需要及校史教育的目的；最后在产品开发的层次及模式上加以论述，同时辅以其他史料加工，高校档案资源开发才能开发出独特的校史教育资源产品，才能打造出一张又一张的独特的"校史名片"。

（四）全面效益原则

档案资源开发也讲究效益优先，即低投入，高产出。在效益优先这一原则的指导下，高校档案资源的开发以利用者的需求为基点，对校史教育而言，讲求大学生教育的"适销对路"，尽可能地使档案信息资源最大限度地共享，注重开发成果对大学生教育的结果评估，突出教育目标的实现，即社会效益，但必须统筹兼顾经济效益与社会效益、当前效益与长远效益、直接利益与间接利益。

（五）安全原则

档案工作，安全重于泰山，在档案资源开发工作中确保档案安全，这是高校档案工作的永恒主题。高校档案资源开发要注重校史资源建设工作中的安全问题，一方面需要遵守国家法律法规，妥善处理档案的保密和开放关系，注意保护知识产权，尊重隐私权，尊重档案持有者的所有权、使用权和处理权；另一方面确保档案原件安全与开发成果的利用安全。总而言之，安全有效地开展开发利用，方能为校史教育资源建设提供丰富可靠的开发成果。

当然还有必要指出，高校档案资源为校史教育服务的开发原则还应遵循档案文献编纂的原则，如共享性原则、选择性传播的原则、针对性原则、时效性原则、易用性原则、科学性原则等，只不过这不是本节需要陈述的重点，但随着高校育人环境的变化，社会环境的变化及信息论、系统论、控制论等新兴学科的兴起，高校档案资源为校史教育服务的开发原则还将会有新的认识与发展。

第七章 高校档案建设与校史文化的管理与应用研究

第一节 高校校史工作中的档案管理

新型管理模式开始应用在各个社会领域中,并取得了显著的应用成果,但是以科学的管理技术为依托的管理模式在实施过程中也存在着各方面的问题。高校具有学校和机关双重性质,不同于普通教育机构,其面临的改革形势更加严峻。为此,文章分析了高校校史档案管理工作,探讨了新型管理模式下校史档案管理面临的问题、特点和要求。

在信息技术不断发展的形势下,科学的管理技术开始广泛应用在各种工作中,如学校、医院、社会机构、企业校史档案管理,其优势也逐渐凸显出来。在高校校史档案管理工作中应用科学的管理技术,需要对原有的管理制度和方式进行全方位改革,强化管理人员的管理技术思维和计算技术技能,为高效率管理工作奠定基础。

一、高校校史档案管理工作分析

高校校史档案是高校在教育和科研过程中,形成的对社会发展有益的信息资料,以音频、视频、图片的形式记录成册。相对于普通校史档案来说,高校校史档案存在共性又存在差异性,主要区别在于高校校史档案既属于党政机关校史档案,又属于高校校史档案,因此高校的校史档案管理工作具有一定的复杂性,这一特征由高校性质决定。在现代高校发展中,校史档案管理工作是推动高校发展的一项长期性工作,只有充分发挥校史档案管理工作的作用,才能为高校教学以及科研工作提供有效的指导和参考。现阶段,随着我国高校产业化发展,产生的高校校史档案资料也越来越多,传统的校史档案管理工作体系已经逐渐落后,必须对其进行改进。

二、新型管理模式下校史档案管理的特点

新型管理模式下校史档案管理的特点,包括来源多样性、校史档案记录的及时性,具体的研究内容可以总结归纳如下。

（一）来源多样性

所谓的来源多样性指的是校史档案记录的来源有着一定的多样性。具体来说，包括以下几个方面：学生信息的来源是多种多样的，高校的学生来源比较复杂，包括教育背景、工作单位、部门、职位、阶级、区域和生源地等，包括内容和类型都比较丰富的校史档案。教学信息的内容也是多种多样的，高校包括不同时段的教育任务、标准、方式和内容。等级方面也存在一定的多样性，需要处理多个部门和级别的事务，负责具体的沟通和交流，这样构成了比较大的信息系统。

（二）校史档案记录具有及时性

记录设备的输送速度和便利性持续提升，这样实际的收集工作比较简单和方便。相关工作人员需要设置收集内容的种类，根据相应的步骤完成相关的储存、归档、提交和整理工作，这样可以显著提升工作效率。如果没有设置有效的内容和规范要求，或者没有严格遵循必要的步骤，就会影响到实际内容的规范程度和及时性。

三、新型管理模式下校史档案管理面临的问题

新型管理模式下校史档案管理面临的问题可以总结为校史档案管理存在较多风险、校史档案载体具有不稳定性两点，具体研究内容归纳如下。

（一）存在一定的风险

利用科学的管理措施和模式，虽然具备一定的优势，但是也产生了一定的风险。在校史档案管理方面，计算机的控制难度比较大，不法分子、黑客或者计算机病毒可能会非法使用相关的资料，影响到实际的安全系数。在当前的模式下，需要提出更高的安全工作要求，避免增加工作难度。

（二）校史档案载体具有不稳定性

当前管理背景下，需要在硬盘中存储相关的信息内容，利用相关的载体来实现信息的交换和传输。在发展流程中，存储的电子信息量持续提升。与此同时，性价比和价格也在持续提升，但是科技产品也会产生较多问题，可能出现硬件或者软件方面的损坏，也会产生数据遗漏和丢失的问题。所以，在储存介质管理中需要应用科学管理技术，做好相关数据的备份，避免受到磁场碰撞、电辐射以及电磁波的影响。

四、新时代校史档案管理工作的要求

（一）掌握基本网络知识

科学管理技术进入一种新的模式，想要获得相应的效果，需要根据计算机操作知识和科学管理技术的内容，关注操作系统、客户端应用方式、域名清册和申请、服务器信息、

IP 地址方面的问题，重视网关设置。通过掌握相关的知识内容，可以提升管理的效率，引入科学管理模式和技术，这样可以避免基础问题的产生。

（二）培养科学的管理技术思维

科学的管理技术思维要求应用者认识到科学的管理技术的发展形势和计算机技术的重要性，充分应用科学的管理技术思想、技术、规则来思考和解决问题，这种思维具有开放、自由、连接、互动、共享、协作及分散等特征。在现代化社会中，科学的管理技术思维已经成为现代人应当具备的基本素质，因此，科学的管理技术管理模式应用人员要将科学的管理技术思维的作用发挥到极致。

（三）提高科学的管理技术能力

所谓的科学管理技术能力，指的是在当前信息化工作背景下，相关的工作人员和管理机构，需要切实提升设备处理管理的能力和技术，其中包括数据的开发和转移、信息的传输和信息搜索等内容。在应用科学管理技术之后，相关人员需要加强自我学习和发展，进而掌握必要的计算机和信息技术能力。

（四）遵守科学的管理技术规则

科学管理技术的引入，需要规章制度的支持，这样可以提高运行系统的效率。通过应用科学管理技术，能够履行相关的规定，需要关注保密协议、信息应用途径、信息传播途径和方法、技术应用技巧，等等。校史档案管理人员需要明确自身的职责和相应的应用规则，遵循条例开展工作。

（五）掌握科学的管理技术应用方式

在校史档案管理中，如何提升管理技术应用的技巧性和科学性是一个关键问题。针对校史档案具体信息的内容处理、数据分析、程序应用、资料信息查询、信息收集和信息辨别，都需要投入一定的精力。这些都是实施科学管理技术和方法的关键、核心。这些技术成果可以在校史档案管理革新中起到作用。

（六）完善基础设施条件，推动高校校史档案信息化管理

为了适应高校校史档案信息化管理的趋势，除了技术和人才方面的储备之外，还应对各类硬件设备的配备进行完善，保障计算机设备、数据存储设备以及服务器建设等方面的工作稳步推进。同时，加大软件信息系统的开发完善力度，实现对各类校史档案资源的有效梳理和分类，为校史档案管理的规范化奠定基础。

针对高校校史档案信息化管理发展过程中存在的各类安全隐患，高校管理部门必须加强对安全问题的重视，加快构建高校校史档案管理系统安全防护体系，积极引入最先进的病毒防护软件。同时，加强对校史档案管理人员的监督管理，同时建立责任约束机制能最大限度地减少不规范操作现象，保障校史档案采集、录入等工作的规范化开展，促进高校校史档案管理安全水平的提升。

新型管理模式已经发展成了现代化高校校史档案管理工作的主要模式，与科学的管理技术结合是校史档案管理工作的发展趋势，为此，管理人员需要树立科学的管理技术思维和现代化管理意识，结合高校校史档案的实际情况，应用先进的管理技术，完善校史档案管理体系，切实提高校史档案管理效率，为高校校史档案管理工作的合理开展奠定基础。

第二节 高校举办校史展的档案资料管理

校史展是一所高校举办校庆活动时必不可少的活动之一，它凝聚了一所高校自建校以来的发展历程，展示各时期学校的精神面貌，是推动校园文化建设的重要途径，具有直观性及客观性。本节从确定主题、收集资料、筛选资料、设计版面等工作要点，浅谈举办校史展的经验与反思。

校史展是促进校园文化建设的重要手段，是展示学校发展历程的重要窗口，它展示了一个学校的校风、教风和学风的精髓。而校史展的成功举办，需要单位各部门的通力配合，及时提供丰富且准确的资料，同时也需要与设计师做好沟通，以求达到最好的展出效果。笔者在相关实践中总结了一些工作心得，在此与同行分享，希望批评指正。

一、确定牵头部门，做好动员工作

部分高校的校史展工作是由档案管理部门牵头，在各部门的配合下完成，其优势是便于搜集与核查历史资料；当然，也有很多高校的此项工作是由宣传部牵头，在各部门的配合下完成，其优势是可以动用宣传部所拥有的渠道收集材料，且宣传部工作人员文字功底较为深厚，在校史展览的文字编写部分具有一定优势。

确定好牵头部门后，需组建校史展工作组，同时需要对学校其他各部门及各二级学院做好动员工作，各部门及各二级学院配合牵头部门，及时提供丰富且准确的资料。校史展工作组需在征求意见后确定好展览主题及各部分板块，主题需能展示学校的风采，反映出学校的厚重历史；各部分板块需能突出特色，从多方位、多角度展示学校自建校以来的办学成果。

开展校史展工作，必须摸清现有的及需要的资料，搜索包括文书档案、实物档案、照片档案及馆藏的各类资料在内的所有材料，明确目前拥有的材料、缺失的材料以及需要各部门提供的材料，以便使材料收集工作有的放矢、准确高效。

二、确定标准，做好材料筛选工作

材料收集汇总后，往往出现部门之间有交叉重复材料的情况，也会出现因内容不同，各部门或各二级学院提交材料标准不一的情况。针对交叉重复的材料，则需进行仔细筛查，相同的材料最好只在展览中出现一次，才会使整个校史展的内容更加丰富多彩，因此对交叉重复的材料需斟酌使用，并注意与提交材料的部门做好沟通工作，最终达成一致意见。针对提交材料标准不一的情况，则需要确定好标准，例如展现学校师资的部分，则可划定为获得过某种级别荣誉称号的教师，并及时与提交材料的部门进行沟通协调。

三、做好展线设计，确定板块排列

在展厅展板位置和数量已经确定的情况下，需提前做好展线设计，确定展览中各板块的排列顺序，使展览内容连贯，展览路线科学，同时，因部分内容为学校的突出特色，需要将本章节内容置于展厅的突出位置，因此需要实地排列各章展板，最终确定展厅内每个展板的内容。

四、根据主题背景，做好展板样式

校园文化和学校的发展历史有着密不可分的联系，它是特定范围内的、有一定历史底蕴且在不断发展的文化，因此在确定展板样式时，需要贴合展览的主题、展厅的设计、校园文化等各方面因素，设计展板样式。校史展的主题，应使用最能反映学校特色的画面和文字来展现；校史展的设计需要贴合整个展厅的设计、配色及布展位置都应根据展厅的实际情况进行实地查看；校园文化是一所学校一代又一代的师生经过岁月的沉淀，伴着学校的历史变革和发展而成的校园之"魂"，而一个特殊时间点的校史展要充分将这份校园文化展示出来，通过时间或者事件线，展示学校各个时期的风貌。

在考虑其文化及美观等因素外，还需要着重考虑展板的功能性设计。比如，人在站立时观赏墙面展板有一定舒适区间，因此在进行展板设计时，版头所占空间及图片文字的排列需进行实验，保证整体设计既能满足版面内容的排列，也能够使观赏者有足够的视觉舒适体验；另如，部分内容为学校的突出特色，需要将本部分内容置于展板的突出位置，合理地将相应图片或者文字放大或缩小。

五、校史展的档案资料管理

（一）文字图片档案管理的重要性

各类史料展览都无法离开照片而独立存在，大量的图文是构成展览的基础，清晰的、有代表性的、有历史意义的图片和明确的图片注释是一个展览成功的重要原因。但由于各种原因，图片文字档案管理往往存在一定问题，如照片存放分散，部分照片因未及时归档而流失；图文档案整理不规范，存在同一图片多种注释的现象，也存在原图压缩致使图片清晰度下降的现象；年代久远的照片档案因保存不当而受损等，都是下一步档案管理过程中需要避免的问题。

（二）材料的收集

收集材料的渠道可以通过各职能部门进行收集，通过梳理档案而筛选适合展览的材料，同时要充分利用其他渠道，如充分利用离退休老干部资源，发动离退休老干部展示有珍贵意义的照片，为校史展提供更多更有意义的资料。

要注重社会资源的利用，可以通过历届校友或各种宣传方式征集与学校有关的材料，在征集的材料中筛选具有一定价值的资料，最大限度地丰富校史展览。

第三节 高校校史陈列馆藏品档案管理与应用

高校校史陈列馆记载学校历史、传承大学精神、展示办学成就，缅怀先人、垂范后学，是学校形象展示的重要窗口，也是校园文化建设的重要载体和人才培育的重要阵地。本节以中国矿业大学校史陈列馆为例探讨藏品档案的管理和利用问题。

一、藏品的类型与特点

不同性质的陈列馆，其收藏的藏品也是不同的。校史陈列馆藏品是为了真实反映学校发展历史，按照收藏标准和工作程序收集学校各个时期、各个方面的校史文物、实物等。因此，校史陈列馆藏品具有内容丰富、形式多样的独特性，是学校发展历史的物证。以中国矿业大学校史陈列馆为例，藏品主要有以下几种类型：

（一）文字、图表类

学校在各个历史时期，有关发展、教学、科研、党政管理和其他各项活动中直接形成的具有保存价值的文字、图表等文件材料。

（二）照片类

反映学校各个历史时期各种重大事件、重要活动中形成的有纪念意义、有保存、研究、展览价值的照片。

（三）实物类

实物是人类在社会实践活动中直接形成并保存以备查考的一种特殊的载体，是一种物态历史记录。它具有真实性、凭证性、历史性、形象性。校史陈列馆的实物类藏品包括：学校各个历史时期，各级领导及社会名人题词；学校教学、科研、管理和竞赛等活动的奖状、奖杯、奖旗、证书；校领导、工程院院士、著名教授及卓有成就的专家学者、知名人士、杰出校友的著作、手稿、笔记、书信；学校对外交流与合作的纪念品；校友赠给母校的有价值的特定物品；学校不同时期的毕业证书、学位证书、校徽、学生证、工作证、教师研制的实验设备、创办刊物、运动健将的运动服等有保存和展览价值的文物或实物。

（四）录音、录像等多媒体类

录音、录像等多媒体是具有保存价值的记录声音、影像，是以特殊材料为载体的历史记录。校史陈列馆收藏的有：不同时期的校歌、学校90周年、100周年校庆及大型文艺晚会影像、北京矿院时期的体育运动纪录片、凤凰卫视录制的历史专题片等。

（五）模型、雕塑类

模型、雕塑类藏品是校史陈列馆中的独特藏品，是根据历史事件的描述以及图片等信息将原历史场景再现，具有直观形象的表现特点。校史陈列馆中的模型、雕塑类藏品主要有焦作路矿学堂毕业生合影和四川矿业学院校区微缩景观、焦作工学院时期师生野外测量实习雕塑及学校新校区沙盘模型等。

（六）复制品类

复制品也是校史陈列馆中的特有藏品。对特别珍贵的资料，本人（亲属）有保存意愿的，学校在复制或翻拍后将原件安全归还本人（亲属），或由捐赠本人（亲属）自行翻拍扫描成电子文档。

（七）口述资料类

口述资料作为一种特殊的藏品资源，涵盖内容丰富、生动，口述者以"大众记忆"的方式从多个侧面、多个角度真实地再现历史。对学校今后的发展和建设有着重要的参考和利用价值。校史陈列馆设有"人物访谈录"，通过对学校不同办学时期的人物访谈，用朴实的语言、生动的情感，真实地记录历史，感动过往。

二、藏品档案的建立和管理

藏品档案是围绕着藏品而建立的，是藏品在征集、鉴定、登记、管理、保护、研究、使用等一系列活动中的真实记录。只有科学地整理管理藏品档案，才能更好地使用藏品，保护藏品，研究藏品，从而揭示出藏品的历史、科学和艺术价值。

（一）藏品档案的建立

1. 藏品档案的分类

按照档案分类的原则，结合校史陈列馆藏品的类型和特点，将校史陈列馆藏品分类如下：

（1）文书档案：包括原始档案文件；在对档案资料进行整理、挖掘后形成的，如学校沿革、基础数字汇总、大事记、重要活动、重要会议简介等；校史陈列馆征集到的文档资料。

（2）声像档案：包括照片、录音带、磁盘、影像带、光盘等。

（3）实物档案：实物藏品种类较多，根据藏品的性质又细分为荣誉类、仪器设备类、学术成果类和复制品类藏品档案。荣誉类藏品档案包括锦旗、奖状、奖杯、奖牌、证书等，仪器设备类藏品档案包括实验仪器、设备、实验实习工具、工作服、课桌等，学术成果类藏品档案包括有重要学术影响的专著、获国家级奖励的教材、创办刊物以及学校初创时期的教材、学生的笔记本等。

（4）口述档案：包括采访老教师、老教授、老领导、院士等的录音整理而成的音像资料。

（5）模型、雕塑档案：包括校史馆中因陈列展出制作的模型、雕塑、微缩景观等。

（6）其他藏品档案：未包含在上述类型中的藏品档案。

2. 藏品的建档内容

校史陈列馆藏品的建档内容不同于一般的专业档案。由于校史陈列馆藏品档案的种类多种多样，涉及的内容丰富多彩，因此，在建档时其内容应涵盖以下几个方面：

（1）藏品的历史资料。即藏品的来源、流传经过的原始记录等。包括藏品入馆时的各种凭证和资料。

（2）藏品的鉴定资料。藏品的征集过程、藏品的鉴定意见和定级记录，以及对藏品进行鉴定的各项报告等。鉴定记录是专家学者对藏品的真伪、时代、作者等做出的鉴定意见。

（3）藏品的研究资料。即指专家学者通过对藏品进行科学研究发表的各种论文、专著、丛书目录索引、研究文摘、图录等。

（4）藏品的保护资料。对藏品进行修复、揭裱和复制的时间、单位、人员；所使用的材料、工艺流程、藏品修复的部位等记录。对藏品进行消毒、防虫、防腐等保护措施的详细记录。

（5）藏品的特征记述资料。包括藏品的名称、时代、质地、色泽、产地、用途、制作时间、尺寸、重量、完残情况、特征描述等详细的文字记述，以及藏品的照片等资料。

（6）藏品的动态轨迹。即记录藏品的陈列、借展巡展、查阅、临摹、拍照等提供利用情况。认真记录好每一次藏品的提供利用情况，才能体现出藏品为社会各方面提供利用服务中所发挥作用的真实运动轨迹。

（7）藏品的其他资料。主要指意外事故对藏品的损毁等情况的报告和有关领导的批示、处理意见，均应原文、原件和复印件收录入档。这是作为藏品销号或改变藏品原始记录的依据，是重要的档案资料。

（二）藏品档案的管理

1. 加强藏品档案管理的科学性

建立藏品档案是校史陈列馆一项基础性工作。由于校史馆藏品数量多、门类广，在藏品档案的管理过程中容易出现内容收集不完整、编制不够规范、管理不够高效等一系列问题。因此，为充分发挥藏品档案的信息价值，保证藏品档案的科学性，必须做到藏品档案信息的完整性、藏品档案编写的规范性、藏品档案管理的主动性。

2. 实现藏品档案管理的信息化

藏品档案工作的重点在于资料的搜集、分析和整理，藏品档案的信息化管理重点在于综合信息的查询与"资源共享"。因此，在藏品科学建档与管理的基础上，实施信息化管理是实现藏品资源共享与管理科学高效的前提。藏品档案的信息化一方面把资料、声、光、图像完美地结合起来，多角度反映藏品的特点和特性，满足公众对藏品多方面的需要，另一方面又减少对藏品的提取，有效地保护藏品。

三、高校校史陈列馆藏品档案的应用

（一）为宣传教育提供重要素材

校史陈列馆是宣传教育的重要阵地，是学生的第二课堂。校史陈列馆的教育传播方法是人与物（藏品）的结合，是从物（藏品）向人传播的过程。校史陈列馆丰富的藏品以及藏品中蕴含的鲜为人知的藏品"故事"，为校史陈列馆的宣传教育提供了重要的支撑。比如，校史陈列馆内焦作工学院时期"师生野外测量实习"雕塑再现了学校一贯秉承的"好学力行、求是创新、艰苦奋斗、自强不息"校园精神；北京矿院时期贺龙元帅亲自授予学校的"全国体育运动红旗院"锦旗以及校友捐赠的"运动健将运动服"诠释了北京矿院体育工作的骄人成绩；四川矿业学院时期"学校微缩景观"再现全校教师在艰苦环境下坚持边建校、边办学的场景；徐永圻教授主编的"采矿学"等系列书籍代表了国内最高水平，获得国家级教材一等奖；一座座奖杯、一排排奖状承载着几代矿大师生的努力。通过陈列展示，把藏品信息价值传输给观众，观众在欣赏、感受、倾听藏品不同寻常的"故事"时，也受到了鼓舞和教育。

（二）为校史研究和校史编写提供第一手资料

校史馆藏品是反映学校发展和办学成绩的实物证据和信息载体，是校史研究的对象。藏品档案中的信息是校史研究的第一手资料。通过对藏品信息的研究，不仅可以填补校史研究中的空白，而且还能为解决疑难问题或纠正某些错误结论提供佐证。校史研究的内容可包括校史资料研究、学校发展规律研究、学校传统文化研究等多方面。

第四节　校史档案建设与社会主义核心价值观的作用

高校是培养当代大学生树立正确人生观和社会主义核心价值观的重点阵地。高校文化是高校的灵魂和血脉。校史档案建设是大学文化传承、弘扬和发展的重要组成部分，其蕴藏的丰富教育资源，对大学生社会主义核心价值观的培养具有重要价值。这里主要研究高校校史档案与社会主义核心价值观的关系，并着重探析校史档案建设在强化社会主义核心价值观活动中所发挥的作用。

习近平总书记在2016年12月7日全国高校思想政治工作会议讲话中指出："办好我们的高校，必须坚持以马克思主义为指导，全面贯彻党的教育方针。要坚持不懈培育和弘扬社会主义核心价值观，引导广大师生做社会主义核心价值观的坚定信仰者、积极传播者、模范践行者。"大学文化建设中，校史档案建设是其重要的组成部分。校史档案是一所高校历代师生共同经历、一起创造、经过时间考验积累形成的珍贵史料，其中包括大量培养学生社会主义核心价值观的丰富内涵。充分利用校史档案中收藏、积累的珍贵史料开展宣传教育，以实现用高尚文化教化人、引导人、鼓舞人、鞭策人，培育有人文精神、科学精神和创新精神的全能型人才的教育目的。

一、高校校史档案建设的内涵及作用

校史简单地说就是记录学校的历史，从学校诞生之日起就有了它生存的使命，是一所高校创立、建设和发展的历史见证，有着不可替代的作用，是学校创造的物质和精神财富的总和。校史档案是传承和弘扬高校校史文化的物质载体，包括校史馆、校史资料、校史课程、校史景观等等。

校史档案是在学校发展过程中经历代师生员工建立、积淀、传承和创新形成的，反映出一所大学的办学传统和办学水平。作为一种大学文化资源，校史档案具有"以史育人"的功能。对当代大学生的培养，不能只是传道、授业，还要注重加强精神文化的教育和熏陶，所以说社会主义核心价值体系作为一种高尚的精神，是大学文化不可或缺的内容，依托校史档案开展的教育，对学生有着潜移默化的影响，有助于学生树立正确的人生观、价值观，增强师生员工对大学文化价值与思想价值的认同感和归属感。加强校史档案建设是校园文化建设的重要内容，对社会主义核心价值体系的弘扬和发展起着重要的推动作用。

二、社会主义核心价值观引领高校校史档案建设

高校承担着教育学生树立正确的人生观、世界观的任务。中国特色的社会主义文化中，社会主义核心价值体系是其中的重要内容，对校史档案建设具有引导作用。

马克思主义是思想与理论基础，是校史档案建设的精神内核。我党以马克思主义为指导方针，建立了新中国。改革开放以来，我国坚持走中国特色社会主义道路，经济建设取得了无与伦比的巨大成就，已经成为世界第二大经济体，世界第一大贸易国，为实现"中国梦"奠定了坚定的物质基础，人民的物质文化水平得到大幅提高。这说明，我们所取得的成就离不开马克思主义的指导和引领。马克思主义是社会主义核心价值体系的灵魂，也是校史档案建设的精神内涵。

中国特色社会主义是全国人民的共同理想和发展向导，是校史档案建设的主题。坚持走中国特色社会主义道路,把我国建设成为国富民强、"四位一体"的社会主义现代化国家，努力实现"中国梦"，是全国人民共同的理想。社会主义核心价值体系是社会主义经济与文化建设的理论指导和精神支撑。高校是先进文化的建设和传播基地，肩负着积极践行社会主义核心价值观，引导新时代大学生树立正确人生观、世界观的使命和任务。校史档案建设以社会主义核心价值观为指引，才能不断地丰富和发展。

时代精神和民族精神是校史档案建设的重要支撑。每个国家和民族的生存发展，都有其赖以依靠的精神支柱。依靠爱好和平、自强不息、团结统一和勤劳勇敢为核心的爱国主义精神，中华民族才能够克服各种艰难险阻越发坚强。我们今天所取得的巨大成就，源于我们坚定地走中国特色的社会主义道路，其巨大的推动力源于改革开放为核心的时代精神。依托以上两种精神，中华民族产生了非凡的创造力和凝聚力。只有民族精神与时代精神有力结合，社会主义的建设发展才能硕果累累、日新月异。我国的高校大多在新中国成立初期创立，高校的办学历程与国家的命运休戚相关。校史档案在历史承载、大学精神弘扬、办学成就展示等方面展现了前辈们肩负的责任和抱负，是爱国主义精神和时代精神的具体体现，是生动的爱国主义教材，也是激励当代大学生实现人生理想的力量支撑。

社会主义荣辱观是校史档案建设的具体规范。"八荣八耻"是培树青年学生正确的世界观、人生观、价值观的规范和标准。"八荣八耻"以社会主义价值观为准则，清晰明了地阐述了真善美、假丑恶的含义，阐明了什么是荣、什么是辱等道德观念，是维护社会秩序、促进社会和谐的行为规范，体现了社会主义道德的基本要求。校史档案建设通过特定的精神熏陶和文化氛围，在价值取向、思想观念和行为方式等方面，对大学生进行正面教育，引导高校校风的良性发展，向社会传递正能量。

三、高校校史档案建设对强化社会主义核心价值观的价值体现

践行社会主义核心价值观，需要包括大学文化在内的多种文化的支撑和引导。校史档案能完整地展示大学广博的人文精神、深厚的文化传统和崇高的文化境界，既可以引领大学生培树正确的人生价值观，也能帮助大学生处理思想认识上遇到的诸多疑惑和矛盾，提升大学生的文化底蕴和内在修养。

进一步确立社会主义核心价值观在大学生心目中的重要地位。校史档案建设就是要依据学校翔实历史资料的展示和宣传，烘托教育氛围，通过有效、可行的方式与途径，激发大学生热爱学校、奋发学习、为学校建设贡献力量的热情，引领大学生在大学文化建设中发挥自身作用、体现自身价值。一是面对社会矛盾凸显的现实情况，要注意引导大学生加强对社会主义核心价值观的认同感和向心力，以巩固社会主义核心价值观的旗帜地位。二是利用社会主义核心价值观，引领大学生正确认识对待各种价值观念，发挥正能量，褒扬真善美，讲文明、促和谐，进一步弘扬以爱国主义为核心的民族精神和以改革创新为核心的时代精神，为实现中华民族的伟大复兴奉献力量。

为培养大学生的社会主义核心价值观提供了物质基础保障。社会主义市场经济的确立，使我国开始从传统社会向现代社会转变，现代化建设高速发展，利益结构也随之发生了明显变化，导致了价值取向多样化和价值观念的多元化。由此，对一些意志薄弱、不注重培养正确人生观的大学生，在价值观方面，难免出现这样或那样的模糊认识，进而影响其行为方式、学习目标和志向抱负的确立。因此，注重引导大学生树立正确的人生观、价

值观，就显得尤为重要。加强校史档案建设，利用校史文化的深厚内涵和人文精神，引导大学生确立社会主义核心价值观，树立个人利益服从人民利益的大局观念，以国家和民族的兴旺发达为自身的奋斗目标，不断发挥自己的聪明才智，为实现"中国梦"的宏伟目标不懈努力，甘于奉献。

拓宽了大学生社会主义核心价值观的培育形式。在高校校史档案建设中，要充分利用已有平台，搭建各种新平台，建设长效的教育机制。平台的搭建必须把社会主义核心价值观作为大学文化建设首要任务，通过多种形式，如校史馆、校园网络、校史课程、校史教育景观、档案馆、影像资料、校报学报等，加大平台建设的科技力度，营造氛围，扩大校史档案的感召力、传播力和影响力，增强教育实效性和永久性。

营造良好的文化氛围，加强爱国主义教育。社会主义核心价值观体系中，爱国主义是个人价值观的核心，为推动其爱国主义价值观的早日形成，高校应利用现有条件，创造民主、平等的文化氛围。校史馆、档案馆是大学生爱国主义教育的阵地，是开展社会主义核心价值观教育的平台和媒介，有教育、引导、凝聚功能，可以潜移默化地感染、激励大学生，无形中调节和规范高校师生彼此的行为方式和价值取向，着力推进大学生爱国主义价值观的培养和形成。

发挥大学文化作用，引导学生自觉践行社会主义核心价值观。校史档案是大学文化建设的根基和血脉，代表了高校师生对学校历史的认同感和归属感，是学校在历史发展、人才培养、科技创新、重大变革、服务社会等方面长期积淀形成的，是优秀民族文化的重要组成部分，对社会主义核心价值观的形成发挥重要的倡导作用。校史档案中体现了"爱国、敬业、诚信、友善"等社会主义核心价值观实质内容，表达出爱党、爱国、爱校的思想理念，提倡爱岗敬业的工作态度和诚实做人、友好善良的为人处世原则，培养勇于奉献的精神和高度社会责任感的道德品格，引领大学生自觉地践行社会主义核心价值观。

总之，高校校史档案是一种重要的教育资源，是学校光荣历史的具体体现，是一种文化的力量、教育的力量，它以独特的历史性、直观性和原始性，有效地、可持续地开展了对大学生社会主义核心价值观的教育。强化高校校史档案建设，对弘扬主旋律、传播先进文化起着有力的助推作用。

参考文献

[1] 张敦润. 档案管理在高校校史文化建设中的作用 [J]. 小品文选刊（下），2017(4)：260-261.

[2] 王林娜，刘静一. 文化创新视域下的高校校史文化研究与档案文化建设 [J]. 档案学研究，2017(6)：71-74.

[3] 姚萍. 高校档案管理在高校文化建设中所起的作用 [J]. 办公室业务，2015(5)：43-44.

[4] 王星. 浅议高校档案在校史档案建设中的作用——以云南财经大学校史档案建设为例 [J]. 云南档案，2017(7)：59-62.

[5] 朱天梅. 口述档案与民族文化传承 [J]. 黑龙江社会学院学报，2014(3).

[6] 陈忠华，王红光，杨瑞. 开发档案资源服务高校改革发展 [J]. 云南档案，2017(4).

[7] 张灵. 校史档案在传承高校特色文化中的实践研究 [J]. 档案工作，2018(3)

[8] 西北民族大学校史编写委员会. 西北民族大学校史 [M]. 兰州：甘肃民族出版社，2010.

[9] 贺蕊. 高校校史在校园文化传承中的作用 [J]. 兰台内外，2019(26)：31—32.

[10] 王卓. 高校校史档案对校园文化建设作用探析——以山东大学为例 [D]. 山东大学，2018.

[11] 韩波，杨洪勋. 高校档案收集中的误区及对策 [J]. 科技情报开发与经济，2006(4)：274.

[12] 周洁. 高校档案馆文化教育功能发挥的研究 [J]. 智库时代，2019(43)：100+102.

[13] 金雁. 以高校校史文化推进校园文化建设的路径研究 [D]. 西南交通大学，2009.

[14] 蒲婧翔. 高校档案在高校文化传承中的价值实现路径研究 [D]. 南京大学，2018.

[15] 王耀彬. 探讨新媒体环境对高校档案管理的影响与应对对策 [J]. 办公室业务，2017(12)：121.

[16] 杨培培. 关于"互联网+"时代高校档案宣传工作的思考 [J]. 机电兵船档案，2017(6)：50.